SV

Wendy Brown

Nihilistische Zeiten

Denken mit Max Weber

Aus dem Englischen von Christine Pries

Suhrkamp

Die Originalausgabe erschien 2023 unter dem Titel *Nihilistic Times. Thinking with Max Weber* bei Harvard University Press.

Klimaneutral
Druckprodukt
ClimatePartner.com/14438-2110-1001

Erste Auflage 2023
Deutsche Erstausgabe

Umschlagfoto: Axel Hütte, *Island Fog*, 2002,
© VG Bild-Kunst, Bonn 2023,
Reproduktion: © Christie's Images/Bridgeman Images
Umschlaggestaltung: Hermann Michels und Regina Göllner
Satz: Greiner & Reichel, Köln
Druck: Pustet, Regensburg
Printed in Germany
ISBN 978-3-518-58803-1

www.suhrkamp.de

Inhalt

Einleitung

Diesem Buch liegt eine erheblich überarbeitete und erweiterte Fassung der Tanner Lectures On Human Value zugrunde, die ich im November 2019 an der Yale University gehalten habe. Die Tanner Lectures folgen keiner präzisen Vorgabe, nur einer intellektuellen Leitlinie. Ihr Stifter und Begründer, der Mormone und Philosoph, Anwalt, Theologe, Industrielle und Philanthrop Obert Clark Tanner, schien in dem weitgefassten Rahmen, den er 1978 für sie vorschlug, seine eigene, nicht spezialisierte Geisteshaltung spiegeln zu wollen: »Ich hoffe, diese Vorlesungen werden einen Beitrag zum Geistesleben und zur Sittlichkeit der Menschheit leisten. Ich betrachte sie lediglich als einen Versuch, menschliches Verhalten und menschliche Werte besser zu verstehen.«

Irgendwann wurde der Rahmen der Vorlesungen enger gefasst und auf »die Förderung von und das Nachdenken über Gelehrtheit und Wissenschaftlichkeit im Zusammenhang mit menschlichen Werten« eingeschränkt.[1] Diese Eingrenzung behält den uneindeutigen Ausdruck »Werte« bei – eine Begrifflichkeit, die, losgelöst von der Frage nach dem Wie oder Warum, das bezeichnet, was wir schätzen oder was uns wichtig ist, und eine Begrifflichkeit, die sich so sehr zu ihrem Status als Errungenschaft oder Wahl bekennt, dass das Adjektiv »menschlich«

überflüssig ist, außer um zu unterstreichen, dass Werte eine wichtige Dimension des Menschseins ausmachen und vielleicht sichern. Eine solche Einschränkung vollführt allerdings noch ein anderes Kunststück, insofern sie Werte von Gelehrtheit und Wissenschaftlichkeit unterscheidet, aber trotzdem einen »Zusammenhang« mit ihnen festhält. Wird Wissenschaft also getrennt von Werten gedacht, bis sie auf spezifische Weise in ihnen zum Tragen kommt, sie überprüft, philosophisch und historisch einordnet oder anderweitig nachvollzieht? Sind Werte eine Folge von Wissen, in Wissen eingebettet oder bloß durch Wissen beeinflusst oder gelenkt? Besteht gar die vermessene Vorstellung, dass wer – wie Gelehrte oder Wissenschaftler:innen – die Welt kennt, auch weiß, was an ihr schätzenswert ist?

Wie es scheint, bewegt sich auch der geänderte Rahmen der Tanner Lectures noch im Fahrwasser der auf die Aufklärung zurückgehenden Annahme, dass zwischen Wahrheit und Wert ein Unterschied besteht und Wahrheit auf Werte Einfluss zu nehmen vermag. Aus ihm spricht die leise, in diese Unterscheidung, in dieses Vermögen und insbesondere in den Gedanken gesetzte Hoffnung, dass »Gelehrtheit« sich auf die Prinzipien auswirkt, nach denen – individuelle und kollektive – Leben gelebt werden sollten. Er überflutet uns aber auch direkt mit den anderen Auswirkungen der Moderne, in der die Wissenschaft mit Gott und der Tradition erst die Grundlagen der Werte zerstörte, dann den rettenden Wert von Werten zunichtemachte, indem sie ihre ökonomische Bedeutung über alle anderen stellte, anschließend die vermessenen Vorstellungen der Aufklärung in Bezug auf eine Verknüpfung von Wissen und Emanzipation, Wissen und Fortschritt, Wissen und kollektivem Wohl sowie Wissen und der Wahl, was wertvoll ist, bzw. dem Schutz dessen in sich zusammenfallen ließ, was wir für wertvoll halten, und schließlich selbst in eine Krise geriet. Was war Wissenschaft überhaupt, wenn nicht die radikal menschliche Hervorbringung einer Art von Wahrheit, deren *Wert* höher als alle anderen eingeschätzt wurde, die aber nicht in der Lage war, uns zu sagen, was wir für wertvoll halten oder wie wir die Welt entsprechend gestalten sollen?

All dies ging unserer gegenwärtigen verwirrenden Lage voraus, in der die philosophischen, sozialen, ökonomischen, ökologischen und politischen Koordinaten von Wert und Werten sowohl in Bezug auf die Wissenspraktiken als auch auf die Welt zutiefst ungewiss geworden sind. In den alteingesessenen und in den im Verhältnis dazu neueren liberalen Demokratien sind heute hemmungslos antidemokratische Kräfte auf dem Vormarsch, die offen für Autokratien, Theokratien, gewaltsame Ausgrenzungen oder die Vorherrschaft einer »Rasse«, einer Ethnie oder eines Geschlechts eintreten. Sie gehen nicht nur auf politische Gruppierungen und Parteien am äußersten rechten Rand, sondern auf Angriffe auf und Beschädigungen des Wahlsystems von innen und außen, oben und unten zurück, welche vom Bestechen von Politiker:innen durch Schwarzgeld und dem Gewinnen von Wählerschaften durch immer üblichere Desinformationskampagnen bis zu Wahlverzerrungen durch Wählerunterdrückung, Gerrymandering, also die Manipulation von Wahlkreisgrenzen, Unternehmensfinanzierung und ausländische Einflussnahme reichen. Ohne Unterlass revolutionieren die digitalen Technologien Arbeit, Wissen, Regierungsweisen, soziale Beziehungen, Psyche, Soma und Subjektivität. Sie bringen Erweiterungen der menschlichen Fähigkeiten sowie neue Möglichkeiten ihrer Entfremdung, Überwachung und Manipulation mit sich. Darüber hinaus ist die Finanzwelt durch den politisch-ökonomischen Wandel zu einer ungezügelten Kraft geworden, die noch mächtiger und noch unabhängiger vom menschlichen Wohlergehen und vom Gedeihen des Planeten ist als die kapitalistische Warenproduktion. Hinzu kommt das chaotische Interregnum zwischen der westfälischen Weltordnung und dem, was auch immer auf sie folgen mag, das durch noch nie dagewesene Grenzüberschreitungen *und* Grenzkontrollen im Hinblick auf Ideen, Menschen, Religionen, Kapital, Arbeit, Technologien, Gewalt, Schadstoffe und Güter gekennzeichnet ist. Und dann haben wir noch den durch den Klimawandel verursachten existenziellen Notstand, den starken Rückgang der Biodiversität und die nicht abbaubaren, sich zu in den Meeren treibenden Inseln und Müllhalden an Land aufhäufenden Überreste eines Jahrhunderts manischer Produktion. Dazu gehören auch mehr als eine Milliarde Menschen, die ihrerseits als Abfall gelten. Ein Achtel der Menschheit lebt mittlerweile weltweit in behelfsmäßigen Armensiedlungen, Flüchtlingscamps oder Obdachlosenunterkünften innerhalb oder am Rande der Städte und hat nur in seltenen

Fällen Zugang zur zivilisatorischen Grundausstattung wie etwa Sanitäranlagen und Nahrungsmittel, Bildung und medizinische Versorgung sowie Schutz vor der Witterung.

Wo soll man in dieser verwirrenden Gegenwart »Werte« verorten? Zum einen können wir uns nicht ausschließlich nach den von den gängigen politischen und intellektuellen Traditionen gebotenen Orientierungspunkten richten. Das liegt nicht nur daran, dass die Kategorien, Begriffe und Methoden dieser Traditionen oftmals für die Technologien, Kapitalformen und für den Klimanotstand der Gegenwart ungeeignet sind und sich die Erde und menschliches Handeln auf altbackene Weise vorstellen. Vielmehr strotzen sie vor ebenjenen Annahmen und vermessenen Vorstellungen, die viele unserer heutigen Probleme hervorgebracht haben. Diese reichen von einem unbekümmerten Anthropomorphismus und rassistischen sowie sexistischen Humanismus bis zu rationalistischen oder objektivistischen Wissensanmaßungen und Auffassungen von Arbeit, die Fürsorge nicht einbeziehen, oder Auffassungen von »Natur«, die diese als passives Material verstehen. Sie umfassen tiefgehende ontologische und epistemologische Gegensätze – zwischen Natur und Kultur, Tatsache und Wert, Mensch und Tier, Belebtem und Unbelebtem, Zivilisation und Barbarei – und eher prosaische: zwischen Reden und Handeln oder Öffentlichem und Privatem.[2] Und sie unterstellen Konzeptionen von Raum und Zeit, die ihre oftmals gewaltsamen, ausschließenden, räuberischen oder kolonialen Eigenschaften verleugnen. Die

Methoden, Inhalte, Grenzen oder Weltanschauung* keiner einzigen Wissensdisziplin sind gegen solche Vorwürfe gefeit.

Gleichzeitig ist auch eine Theoriebildung *de novo* vergebliche Liebesmüh, wenn man die Problemkonstellationen der Gegenwart und die Möglichkeiten verstehen will, die sie bergen, und zwar aus mindestens zwei Gründen. Erstens dürfen intelligente Betrachtungen unserer spezifischen Gegenwart historisch nicht unbeleckt sein. Selbst wenn heute bestimmte neue Vermögen, Technologien, Subjektivitäten und politische Gebilde zu verzeichnen sind, müssen wir auch den langfristigen historischen Kräften Rechnung tragen, die deren Rahmen bilden und sich mit ihnen überschneiden – darunter Nihilismus, Kapitalismus, Patriarchat, weiße Vorherrschaft – und die sich ihrerseits verändern, wenn sie den mannigfaltigen Auswirkungen von Globalisierung und Klimawandel ausgesetzt sind. Zweitens lehnt solch eine komplizierte, zugleich zutiefst historische und die Unverwechselbarkeit der Gegenwart erfassende Betrachtung sich häufig an Studien älterer Theoretiker:innen an. Eine solche Anlehnung erfolgt nicht dadurch, dass man die Machtanalysen, Zustandsdiagnosen, Historiografien oder Transformationsstrategien früherer Denker:innen auf unsere Probleme anwendet, sondern dadurch, dass man mit ihnen und gegen sie über diese nachdenkt. Hinzu kommt, dass viele Gesellschaftstheoretiker:innen

* Mit Sternchen gekennzeichnete Ausdrücke im Original deutsch, A.d.Ü.

und Politikwissenschaftler:innen nicht nur deshalb überdauert haben, weil sie profunde und erhellende neue Bezugsrahmen ersannen, sondern weil sie sich aktiv um eine Kartografie ihrer eigenen verwirrenden Zeiten bemühten. Historisch sind wir nicht die Ersten, die mit dem Problem ringen, dass Menschen so etwas noch nie erlebt haben. Nur das »so etwas« ist eigentümlich für unsere Zeit.

Dies hat mich veranlasst, auf diesen Seiten mit Max Weber zu denken, insbesondere unter Heranziehung seiner berühmten Vorlesungen über Wissenschaft und Politik: »Wissenschaft als Beruf« und »Politik als Beruf«. In diesen in den Jahren 1917 und 1919 auf Wunsch der Studierenden an der Universität München gehaltenen Vorlesungen umreißt Weber die Konturen, Probleme und Potenziale beider Gebiete in einer Zeit, die seiner Meinung nach rasch an Sinn und Integrität verlor und der ein Abstieg in »eine Polarnacht von eisiger Kälte« drohte.[3] In seiner beißenden Anklageschrift gegen die Universität seiner Zeit – gegen ihr gönnerhaftes Einstellungs- und Beförderungssystem, die ätzende Politisierung ihrer Forschung und Hörsäle, ihren unter anderem antisemitisch motivierten Ausschluss von vielversprechenden jungen Gelehrten, ihre Überflutung mit kapitalistischen Werten, ihre niedrigen Lehrstandards und ihre Überspezialisierung, durch welche die wissenschaftliche Arbeit ihre Welthaftigkeit verlor – klingen einige Besonderheiten auch der heutigen Zeit an. Das Bild, das Weber von den Bedingungen für integre und zielstrebige angehende Politiker zeichnete, war ebenso trostlos und findet ebenfalls Widerhall in der Gegenwart: Er schilderte eine von Demagogen und Bürokraten, aber wenigen wirklichen Führungspersönlichkeiten bevölkerte und von Parteiapparaten sowie manipulierten Massen beherrschte politische Sphäre. Abgesehen von plebiszitären Formen und Funktionen hielt er Demokratie für nicht lebensfähig. Und für die Moderne beschrieb er ein zwangsläufig von unablässig gegeneinander kämpfenden und unentscheidbaren Werten erfülltes politisches Leben, die ihrerseits das eindeutig politische Umsichgreifen von Zwang und Betrug in sich aufgesogen hatten.

Ungeachtet dieser Relevanzbeteuerungen mag ein Denken mit Weber heute vielen kontraintuitiv, wenn nicht pervers erscheinen. Weber wird häufig dafür verantwortlich gemacht, das sozialwissenschaftliche Wissen des 20. Jahrhunderts auf einen gefährlichen und anmaßenden Kurs falscher Objektivität und ethischer Neutralität mitsamt einer starken Spezialisierung des Wissens und abgeschotteter fachlicher Methoden gebracht zu haben, welche ebenjene Wissenspraktiken untergruben, die für das Verstehen und Kritisieren des Status quo erforderlich waren und ihn nicht bloß widerspiegelten und bestätigten. Mit seinem Namen wird gemeinhin die Begründung der Unterscheidung von nackten Tatsachen und Werten in Verbindung gebracht, auf die sich das Jahrhundert des Positivismus stützte und die nicht nur die einen mit (wenn auch angesichts des nicht endenden wissenschaftlichen Fortschritts vorläufiger) Wahrheit gleichsetzten und die anderen mit subjektiven Urteilen, sondern darauf bestand, dass Wissenschaft wertfrei sein könne und müsse. Weber ist berühmt für seine konservativ wirkende Auflistung ganz unterschiedlicher Handlungs- und Herrschaftsformen, für den Entwurf und die Aufwertung von Idealtypen, die Begründung einer problematischen Religionssoziologie, für die Infragestellung des Marxismus durch eine Beschreibung der Ursprünge des Kapitalismus im Protestantismus und für die Theorie von der durch die Moderne herbeigeführten Rationalisierung und Entzauberung der Welt, die heute gleichermaßen von neuen Materialist:innen, Wissenschaftsphilosoph:innen und Säkularisierungstheoretiker:innen in Frage gestellt wird. Als jemand, der bekannt dafür ist, die Sozialwissenschaften auf seine antinormativen Vorgaben festzulegen, sich den Tiefen der von ihm selbst eingestandenen Hermeneutik zu verweigern und Politik eng zu definieren, wird er heute nur selten zu den Freunden kritischer Theorie gezählt, obgleich sowohl die frühe Frankfurter Schule als auch Foucault an sein Denken anknüpften. Politisch gilt Weber für gewöhnlich als zuversichtlich in Bezug auf Kapitalismus, Staatsmacht und miteinander konkurrierende souveräne Nationalstaaten. Er wird mit starkem deutschem Nationalismus, bemühtem Maskulinismus und einem frühen Angezogensein von dem eigentümlichen Strang des Neoliberalismus identifiziert, der später das Projekt der europäischen Vereinigung in Gestalt von undemokratischen Prinzipien und Techniken prägen sollte.[4] Er verherrlicht Machtpolitik* und rühmt die Staaten und Politiker, die sie sich zu eigen machen. Sowohl in politischer als auch in intellektueller Hinsicht gilt er nicht bloß als Realist, sondern als glühender Anti-Idealist.

In Anbetracht solcher Zuschreibungen mag Weber mitschuldig an einigen der finstersten Mächte wirken, die unsere Gegenwart umkreisen, wenn nicht als ihr Architekt. Die obige Zusammenfassung gibt Webers komplexe Konzeptionen von Wissenschaft, Geschichte, Politik, Kapitalismus und Macht allerdings nur sehr reduziert wieder. Einen Großteil der Ambivalenz, Komplexität, Feinsinnigkeit, Originalität und inneren geistigen Konflikte, die Weber so außerordentlich wertvoll für ein Denken *mit* ihm machen, berücksichtigt sie nicht. Diese Besonderheiten werden in den Vorlesungen »Wissenschaft als Beruf« und »Politik als Beruf« besonders gut sichtbar, die er gegen Ende seines Lebens gehalten hat und die hier im Mittelpunkt meiner Überlegungen stehen.

Weber war ein düsterer Denker. Das lag nicht nur an seiner Domäne, seinem Naturell oder seiner Zeit, so tückisch sie jeweils auch waren. Genauso wichtig war sein unübertroffener Sinn für bestimmte Logiken der Moderne: für ihre charakteristischen Rationalitäten und Machtformen, ihre Erzeugung von »Menschenapparaten« mit beispiellosen Herrschaftsfähigkeiten, ihre gleichzeitige Vermehrung und Geringschätzung von Wert und Werten (ihre Reduktion von Moral auf eine Frage des Geschmacks), die Unzulänglichkeit der Demokratie, sich gegen diese Entwicklungen zur Wehr zu setzen oder sie zu ändern, und die große Herausforderung, unter diesen Umständen eine verantwortungsvolle Lehre und politische Führung zu betreiben. In einer Welt, die seiner Ansicht nach unter dem Würgegriff von für den menschlichen Geist und menschliche Freiheit destruktiven Mächten nach Luft schnappte, ja nachgerade gefährlich war, versuchte er, Praktiken zu entwerfen, wie Gelehrte und politische Akteure mit ihrer Arbeit der Finsternis Einhalt zu gebieten und im für beide schwindenden Licht möglicherweise Zwecke zu setzen oder schwache Hoffnung zu säen vermochten. Dies ist einer der Gründe, sich heute Weber zuzuwenden. Wir brauchen nüchterne Denker:innen, die sich weigern, den Verlockungen von Fatalismus oder Apokalyptik, Wunschträumen von der totalen Revolution oder Erlösung durch den Fortschritt der Vernunft zu erliegen, aber doch mehr sein möchten als Bartlebys oder Fußvolk der geltenden wissenschaftlichen und politischen Ordnung,

Ein zweiter Grund, sich Weber zuzuwenden, betrifft seine Konfrontation mit den Krisen des politischen und akademischen Lebens in der frühen Zwischenkriegszeit, die gewisse Parallelen zu unserer eigenen Zeit aufweisen, darunter auch eine Krise des Liberalismus. In intellektueller Hinsicht hielt Weber Marx und Nietzsche für die geistigen Haupteinflüsse seiner Zeit, und obwohl er beide als tiefe Denker betrachtete, waren sie in seinen Augen auch gefährlich verschroben, weshalb er sich bemühte, die von ihnen inspirierte antiliberale Kritik von links und rechts zurückzuweisen.[5] In politischer Hinsicht sah Weber Deutschland im Besonderen und Europa im Allgemeinen durch radikale Massenbewegungen, eitle Demagogen, unverantwortliche Nationalisten und Sozialisten sowie rechtlich-bürokratischen Dirigismus gefährdet – von Akademikern herbeifantasierte Technokratien, die einige Politiker sich zu eigen machten.[6] Webers Reaktion auf diesen Zustand bestand nicht in der Ehrenrettung liberaler Staatsmänner oder Abgeordneter.[7] Vielmehr entwickelte er ein Ideal von Führern als *Lenkern* und erteilte diesen wiederum den Auftrag, auf vernünftige Weise eine politische Vision zu verfolgen. Er setzte Hoffnung in Personen, welche die Wahldemokratie, den Rechtsstaat und liberale Grenzen für die Regierung respektierten, während sie gleichzeitig ihre Macht und Überzeugungskraft kunstvoll für den Aufbau einer politischen Zukunft nutzten, die sich den Zwängen bürokratischer Verwaltung, ganz zu schweigen vom sozialistischen Dirigismus zu entziehen und über den Stillstand liberaldemokratischer Kompromisse und Kuhhandel hinauszuweisen vermochten.[8] Auch wenn wir uns heute Versionen davon im Westentaschenformat bei der Rechten gegenübersehen (Bolsonaro, Trump, Orbán, Erdoğan, Modi), kann man sich weiterhin die Frage nach ihrer Möglichkeit bei der Linken stellen.[9] Unabhängig davon, ob sie nach ihrer Rettung streben oder in Bezug auf liberale Demokratien die Flinte ins Korn werfen, beschäftigen linksgerichtete politische Bewegungen sich mehr und mehr mit der Frage der Führung bei großangelegten Transformationen, die über parlamentarische Flickschustereien hinausgehen, aber vor Revolutionen haltmachen. Dies trifft auf linken Populismus, grünen demokratischen Sozialismus und auf Abolitionismus ebenso zu wie auf indigene Politik. Dass

Weber insbesondere in »Politik als Beruf« der Krise des Liberalismus und der Demokratie ins Auge sieht, ohne mit der Wimper zu zucken, macht ihn potenziell erhellend für die Krise, der wir uns 100 Jahre später gegenübersehen.[10]

Ein dritter Grund dafür, heute mit Weber zu denken, und dieser Grund hat mich vor allem zu dieser Abhandlung animiert, besteht in seiner scharfsinnigen Auseinandersetzung mit den geistigen und politischen Problemkonstellationen unserer nihilistischen Epoche. Mit dem Problem des um sich greifenden Nihilismus, der Aggressionen freisetzt und Werte entwertet (indem er neoliberalen Raubbau an Demokratie, sozialer Verantwortung und der Sorge um künftige Generationen betreibt), hatte ich *In the Ruins of Neoliberalism* geschlossen, ohne einen Weg durch ihn hindurchzubahnen.[11] Weber mag bekannter für die Formalisierung von Methoden und Idealtypen, für das Herunterbrechen von Hermeneutik in objektive Untersuchungen sozialen Handelns und eine einzigartige Neuformulierung materialistischer Geschichtsschreibung sein, die Werten eine zentrale Stellung einräumt, aber eine solche Auflistung verstellt die Sicht auf seine Bemühungen, die Auswirkungen des Nihilismus sowohl in Wissenschaft als auch in Politik zu bekämpfen. Unverhohlen signalisiert wird diese Besonderheit seines Denkens durch seine häufigen Anspielungen auf Tolstois Fazit, dass der Tod und damit das Leben in der Moderne bedeutungslos seien, und auf Dostojewskis Porträt der ethischen Irrationalität der Welt. Sie zeigt sich in seiner Beunruhigung über die Auswirkungen der Entzauberung, der Rationalisierung und des Wegfalls der Grenzen sowie der Ubiquität von Eitelkeit und Narzissmus im geistigen, politischen und kulturellen Leben. Weber ist kaum einer der komplexesten Nihilismustheoretiker – Nietzsche, Heidegger, Adorno, Rorty, Rosen und Pippin bieten gehaltvollere philosophische Beschreibungen –, könnte aber zu den politischsten zählen. Er konzipiert Nihilismus als einen Beitrag zum gegenwärtigen Zustand von Politik und weist Politik gleichzeitig als eine für die Überwindung des Nihilismus unverzichtbare Plattform aus: Politik ist nicht bloß Macht oder Interesse, sondern der Kernbereich, in dem das, was er als »letzte Werte« oder Weltanschauungen bezeichnet, artikuliert und verfolgt werden kann. Seine unerbittliche Unterscheidung zwischen Tatsachen und Werten in der sozialwissenschaftlichen Forschung und in den Hörsälen ist ebenfalls an die Adresse des Nihilismus gerichtet, der nicht nur Moral und Ethik, sondern auch Wahrheit und Besonnenheit über Bord zu werfen droht.

Es gibt viele Wege, wie sich der gegenwärtigen Zunahme antidemokratischer populärer Kräfte und den heute im Westen aus ihnen Honig saugenden opportunistischen Meistern der Machtpolitik Rechnung tragen lässt. Nur bei einem von ihnen steht die politische Äußerungsform des Nihilismus als eines Gewächses im Vordergrund, das laut Nietzsches Vorhersage binnen 200 Jahren auf dem Grab der Gottheiten und Ideale erblühen würde, die Wissenschaft und Aufklärung zu Fall gebracht haben.[12] Heute macht der Nihilismus sich als ubiquitäres moralisches Chaos bzw. als Unlauterkeit bemerkbar, aber ebenfalls als eine Bekundung von Macht und Begehren, die sich nicht nur nicht um Ethik, sondern auch nicht um die Zurechenbarkeit von Wahrheit, um Gerechtigkeit, Konsequenzen oder die Zukunft schert. Der Nihilismus offenbart sich im sorglosen, ja sogar fröhlichen Brechen des Gesellschaftsvertrags mit anderen und mit nachfolgenden Generationen, das sich heute in den alltäglichen Rede- und Verhaltensweisen besonders, aber nicht nur bei der Rechten manifestiert. Er tritt in der bewussten Gleichgültigkeit gegenüber einem fragilen Planeten und fragilen Demokratien in Erscheinung. Er bekundet sich auch in der Normalisierung von Arglist und Kriminalität in Ober- wie Unterschicht und im massenhaften Rückzug ins Triviale, Unmittelbare und Persönliche.[13] Er zeigt sich an der strategischen Drapierung politischer Ziele mit »traditioneller Moral«, um die historische Vorherrschaft einer »Rasse«, eines Geschlechts und von Eigentumsrechten wiederzuerlangen bzw. die Wählerschichten zu gewinnen, die solche Vorherrschaften anlocken. Er schlägt sich in den ubiquitären Praktiken zur »Wiederherstellung des guten Rufs« und in dem opportunistischen Sein-Fähnlein-nach-dem Wind-Hängen noch der ernstzunehmendsten Personen des öffentlichen Lebens nieder. Er kommt in noch nie dagewesener populärer Gleichgültigkeit gegenüber Widerspruchsfreiheit, Verantwortlichkeit, ja sogar Aufrichtigkeit unter religiösen und politischen Führern zum Ausdruck. Er scheint in dem unversöhnlichen epistemologischen Patt zwischen rechts und links auf: im erbitterten Eintreten für Religion und Tradition auf der einen und für Vernunft und Fortschritt auf der anderen Seite, ohne Pardon zu geben *oder* einzugestehen, dass die eigene Fahne auf dem Treibsand weht, auf dem die Schlacht stattfindet. Diese keineswegs vollständige Liste beschränkt sich auf den Nihilismus im öffentlichen Leben.

Für diejenigen, die den Planeten, die Demokratie und die Sorge um Gerechtigkeit vor dem Abgrund bewahren möchten, stellt sich die Frage, was für Aussichten eine Politik hat, die den Nihilismus zu überwinden, zu vertreiben oder durchzuarbeiten bzw. zumindest seine schlimmsten Auswirkungen abzuwehren oder zu umgehen vermöchte.[14] Und wie ließe sich die Hervorbringung, Auswahl und Weitergabe von Wissen vor nihilistischen Kräften schützen oder besser noch für deren Überwindung nutzen? Unter anderem diese Fragen spricht Weber in seinen Vorlesungen über »Wissenschaft als Beruf« und »Politik als Beruf« direkt an.

Mit dem Wort Nihilismus will ich nicht andeuten, und auch Weber hat das nicht getan, dass alle Werte aus der Welt verschwunden sind oder das Leben für weitgehend sinn- bzw. bedeutungslos gehalten wird. Wenn man ihn eher als Zustand denn als kontingente Haltung versteht, kommt der Nihilismus in der Moderne auf und führt gleichzeitig zu unübersehbaren Problemen in Bezug auf den in ihrem Rahmen möglichen Sinn. Einerseits ist es schwierig, Kriterien, ganz zu schweigen von Begründungen für Sinn und Werte zu finden, ohne sich dabei auf in Misskredit geratene Quellen zu berufen

– Religion, Tradition oder Logik –, was solche Rückgriffe unvermeidlich reaktionär und unversöhnlich macht.[15] Auf der anderen Seite entpuppt sich der Fortschrittsglaube als säkularisierte Version des tausendjährigen christlichen Reichs, die sich empirisch mit dem Scheitern der Moderne vermengt, für allgemeinen Frieden, Wohlstand, Glück oder Freiheit zu sorgen. Wenn die Berufung auf Ursprünge und ein Telos auf diese Weise ins Wanken gerät, verlieren die Pläne für einen Wandel ihre Zielgerichtetheit, als ob wir, wie Nietzsche es ausgedrückt hat, »die Erde von der Sonne loshefteten«.[16] Mittlerweile drehen wir uns halt- und ahnungslos im Kreis, voller Ungewissheit, was wir bejahen und was wir verneinen sollen, ohne Gespür für die Zeitlichkeit und die Richtung des Laufs der Geschichte. Unerträglicherweise stehen unter diesen Bedingungen auch Zweckbestimmung und Urteilsvermögen nackt da.

Doch das ist noch nicht alles. In Webers Augen untergräbt Wissenschaft* – worunter nicht nur die Naturwissenschaften zu verstehen sind, sondern das gesamte systematische und weitergebbare akademische Wissen, einschließlich der Geisteswissenschaften – die Grundlagen von Religion, ohne ihr Weiterbestehen zu verhindern. Wer in einer rationalen und rationalisierten Welt religiös sein möchte, erklärt Weber sachlich, muss dafür vielmehr notwendig ein »Opfer des Intellekts« erbringen, womit er meint, dass Religion in Bezug auf die grundlegendste Frage, wie wir wissen, was wir wissen, Wissenschaft verwerfen muss.[17] Unter Zurückweisung von Nietzsches Vorschlag, dass auch die Wissenschaft auf Sand gebaut sei und schwachreligiöse Verehrung auf sich ziehen könne, schlägt Weber einen anderen Weg ein: Auch wenn die Wissenschaft die Religion vom Thron der Wahrheit stößt, ist und kann sie kein Ersatz für das religiöse Sinnstiftungsvermögen sein. Diese Begrenztheit der Wissenschaft ändert die Beschaffenheit, die Reichweite und die Implikationen von Wahrheit; sie scheidet Tatsachen von Werten und lässt Letztere auf wissenschaftlicher Ebene zu etwas Unentscheidbarem werden. Wissenschaft kann den Schleier der weltlichen Rätsel lüften – im Zuge des Prozesses, den Weber Entzauberung nennt –, aber sie vermag keine Werte zu generieren oder einzustufen.[18] Wissenschaft sei »niemals Werthe schaffend«, schreibt Nietzsche, was sie »zur *beste[n]* Bundesgenossin des asketischen Ideals« mache, weil sie »darauf aus« sei, »dem Menschen seine bisherige Achtung vor sich auszureden«.[19] Weber zitiert Tolstoi: »Sie [die Wissenschaft] ist sinnlos, weil sie auf die allein für uns wichtige Frage: ›Was sollen wir tun? Wie sollen wir leben?‹ keine Antwort gibt.«[20] Eine Nutzenrechnung mag offenlegen, welche Ziele verlorengehen, wenn andere verfolgt werden, aber sie kann nicht über die Frage entscheiden, was wichtig ist oder warum das so ist. Sie kann Tolstois Fragen nicht beantworten. Wenn sie das vorgibt, wie im Fall neoliberaler Wert-, Leit- und Verhaltensnormen, ist eine neue Nihilismus-Stufe erreicht, die Weber voraussah, ohne dass er wusste, welche Form sie genau annehmen würde.[21]

Während Wissenschaft den Sinn von seinen religiösen und moralischen Grundlagen löst, werden die Werte in Webers Augen zu seiner Zeit noch von anderer Seite ausgehöhlt, nämlich durch die in allen Lebensbereichen stattfindende Überflügelung dessen, was er »Wertrationalität« nennt, mittels »Zweckrationalität«. Ein solcher Überholvorgang wird dadurch möglich, dass sich die instrumentelle Vernunft von ethischen Zwängen befreit, und er gewinnt dank der schieren Macht an Boden, welche diese Form der Vernunft gegenüber Denk- und Handlungsweisen besitzt, bei denen Mittel und Zwecke aneinander gebunden bleiben. Webers Theorie einer durch die Trennung von Mitteln und Zwecken freigesetzten reinen Macht liegt seinem Verständnis des kapitalistischen Apparats (der Arbeiter vom Produktionszweck separiert) und von Bürokratie (die Bürokraten von der Gesamtfunktion einer Organisation separiert) zugrunde. Sie verleiht auch seiner Auffassung Struktur, dass es sich bei Rationalisierung und Säkularisierung eher um systemische Kräfte handelt als um Folgen subjektiver Absichten und Ziele. Doch wo die Abtrennung der Mittel von den Zwecken aufgrund ihrer Effizienz beispiellose Mengen an Macht erzeugt, schwächt, ja tilgt sie letztendlich auch die Zwecke. Alles wird zu einem Instrument und Macht bringt lediglich noch mehr Macht hervor, Reichtum noch mehr Reichtum, Berechnung noch mehr Berechnung. Instrumentelle Vernunft wird von riesigen »Menschenapparaten« verkörpert, die zu unserem »stahlharten Gehäuse« werden und etwas, das ursprünglich ein Mittel zur Bedürfnisbefriedigung war, in eine Herrschaftsordnung verwandeln.[22] Auf diese Weise ist die instrumentelle Vernunft zudem mehr als bloß unabhängig von Werten, sie trägt eine angeborene Neigung zur Zerstörung von Werten in sich, insofern sie die Zwecke überflügelt, denen sie eigentlich dienen sollte, oder die Zwecke selbst in Mittel verwandelt und so Werte letztendlich überall durch Zweckrationalität ihres Inhalts beraubt.[23] Finanzialisierung und Digitalisierung sind die jüngsten Beispielfälle für etwas, das als Instrument anfing, dann die Gestalt von Herrschaftsapparaten jenseits menschlicher Kontrolle annahm und mittlerweile so mächtig ist, dass es die Welt über Nacht in eine Katastrophe stürzen könnte.

Mit einem Wort erweist sich nach Ansicht von Weber in der Moderne einerseits aller Sinn als gemacht und nicht als vorgefunden, und Werte sind unentscheidbar. Andererseits werden bestehende Sinnzusammenhänge durch Entzauberungs- und Rationalisierungskräfte unablässig wieder aufgelöst bzw. durch die wissenschaftliche Vereinnahmung von Mythen und Mysterien und die Kannibalisierung der Zwecke durch Mittel in einer zweckrationalen Welt. So weit, so bekannt. Für Weber geht das Problem des Nihilismus jedoch über das Werte aushöhlende Vermögen von Entzauberung und Rationalisierung hinaus. Es liegt eher *in den sich daraus ergebenden Lücken zwischen Wissenschaft, Politik und Religion in der Moderne*, und zwar insbesondere in den Unterteilungen – ja manchmal sogar Gegensätzlichkeiten –, die sich zwischen Wissenschaft und Religion, Politik und Religion sowie Wissenschaft und Politik entwickelt haben. In der Moderne muss Wissenschaft die Objektivität erzeugende Wertfreiheit in den Vordergrund stellen; in der Politik wird um Werte gekämpft, aber mit Argusaugen darauf geachtet, dass es bei diesem Kampf eher um menschliche als um göttliche Mächte und Zwecke geht; und Religion weist alle diese Unterstellungen zurück, denn sie behauptet, dass Wissenschaft und Werte jenseitigen Mächten entspringen und von ihnen übermittelt werden.

Trotz ihres historisch jungen Alters versucht Weber diese eindeutig moderne Trennung der einzelnen Sphären und ihrer jeweiligen Legitimationsprinzipien zu zementieren und zu überwachen. Unmittelbar deutlich wird das an der Gestalt, die Weber in seinen beiden Vorlesungen der Berufung zum Wissenschaftler und zum Politiker gibt. Auf der einen Seite setzt er diese Berufe voneinander und vom Berufensein zur Religion ab. Auf der anderen erfüllt er sie alle mit einem säkularen religiösen Geist, der die jeweiligen Praktiker:innen beseelt und ihnen gleichzeitig ethische Schranken auferlegt. Indem er den Begriff Beruf* (im Sinne von Berufung) von seinen Wurzeln im protestantischen Gebot befreit, Gott durch weltliche Arbeit zu dienen, bindet er in jeder der Sphären die postsäkulare Berufung nicht an Gott, sondern an die Hingabe, Überzeugungen und Opfer, die Überbleibsel religiöser Praxis und religiöser Gefühle nach dem Wegfall der Göttlichkeit darstellen. Allein die Behauptung einer solchen spirituellen und ethischen Kraft, die fortbesteht, nachdem wir das Höchste Wesen verloren haben, kann das Abgleiten der politischen und der wissenschaftlichen Praktiken in reine Selbstgefälligkeit oder reinen Machtwillen verhindern.

Der Beruf, so wie Weber ihn in postnihilistischer Gesinnung zuschneidet, bringt ein nahezu übermenschliches Bekenntnis zu Selbstlosigkeit, Reife, Zurückhaltung und Verantwortlichkeit mit sich, während man sich leidenschaftlich einer Sache außerhalb des eigenen Selbst widmet. Für das Subjekt sieht der Beruf weder die Rolle des bloßen Trägers oder Innehabenden einer Berufung vor noch dient diese ihm oder ist ihm gefällig. Vielmehr wird sie durch es *Wirklichkeit.* Davon abgesehen, entkleidet die moderne Trennung der Religion von Wissenschaft und Politik die Religion wiederum ihrer Verantwortlichkeit für Wahrheit *oder* Macht.[24] Wenn also religiös gesinnte Menschen nicht bei ihrem Leisten bleiben und versuchen, auf dem Gebiet der Politik oder der Wissenschaft epistemologische oder praktische Macht auszuüben, hat dies eine besondere Art von Korruption zur Folge, die Weber für nihilistisch erklärt. Andersherum formuliert, ist der einzige verantwortliche Akteur in einem nihilistischen Zeitalter und der Einzige, der in der Lage ist, uns aus ihm herauszuführen, paradoxerweise derjenige, der sich den Problemen der Sinnstiftung heute ohne Abstriche stellt und die Herausforderung annimmt, einer Welt Sinn zu verleihen, in der er nicht gegeben ist.[25] Wenn unüberbrückbare Abgründe zwischen Wissenschaft und Zweck sowie zwischen Wissenschaft und Glauben die Moderne strukturieren, sind nur diejenigen in der Lage, verantwortungsvolle Gelehrte und politische Akteure zu sein, die diesen Abgründen ins Auge zu sehen und ihre eigenen Leidenschaften und Unternehmungen zu diesen in ein ebenso ethisches wie mutiges Verhältnis zu setzen vermögen. Nur diejenigen, die sich dem Fehlen moralischer Absoluta im öffentlichen Leben und der Unangebrachtheit gestellt haben, sich um dieser Absoluta willen Wissenschaft oder Religion zuzuwenden, werden in einer dieser voneinander abgetrennten Sphären – Religion, Wissenschaft, Politik – Integrität und ethische Verantwortlichkeit an den Tag legen können.

Darüber hinaus offenbart das Fehlen einer Grundlage für Werte laut Weber gleichzeitig, dass diese sich als solche mit Macht überlappen, einer kritischen Analyse zugänglich sind *und* auf diese Weise angefochten werden können, selbst wenn sie nicht auf Vernunft zurückgehen oder ihre Rechtmäßigkeit aus ihr beziehen. Ebendiese Besonderheiten machen Werte von Grund auf politisch – sowohl kontingent als auch machtbesetzt – und sie machen die Politik auch zu *dem* Gebiet, in dem um und für sie gekämpft wird. (Während Nietzsche die Philosophie mit der Generierung postnihilistischer Werte beauftragt, lehnt Weber eine solche Aufgabenstellung ebendeshalb ab, um die Wissenschaft vor der Politik zu schützen. Für ihn ist die Hochschule ein Ort für kühle Analysen der Voraussetzungen und Auswirkungen gegeneinander kämpfender Wertesysteme und nicht der Ort ihrer Entstehung oder Verbreitung.) In Webers Augen hat sich die Politik in der Moderne nicht nur tatsächlich mit dem Nihilismus infiziert, sie ist auch die Bühne, auf der dem potenziellen und gefährlichen Umschlagen des Nihilismus in Gleichgültigkeit oder schlimmer noch Fatalismus, Zynismus, Frivolität, Narzissmus oder in eine nicht zurechenbare Entfesselung von Macht und Gewalt auf unverwechselbare Weise entgegengewirkt werden kann. Wenn in einem säkularen, rationalisierten und nihilistischen Zeitalter religiöse und kulturelle Autorität zerbröckelt, erlangt die Politik eine noch nie dagewesene Bedeutung für die Artikulation, Rechtfertigung, Anfechtung und Verfolgung von Werten. Anders gesagt, sind letzte Werte im Rahmen eines vollentwickelten Nihilismus auf triviale Weise unmittelbar politisch und werden gleichzeitig zum höchsten Einsatz des politischen Kampfes ausgebaut. Einerseits ist die ubiquitäre Politisierung (heute zum Beispiel von Konsum, Ernährung, Freizeit, Vergnügungen, Stil, Familienform, Erziehungspraktiken, Lebensstil, ja sogar Körpertypen) ihrerseits ein Nihilismus-Symptom. Andererseits ist das formelle politische Leben ein Schauplatz des Nihilismus: In der politischen Sphäre ist Nihilismus in reiner Form im Spiel *und gleichzeitig* ist sie ein Ort, an dem der Nihilismus durch die Verfolgung weltlicher Anliegen überwunden oder zurückgedrängt werden kann. Heute bestehen beide Möglichkeiten nebeneinander und prallen regelmäßig aufeinander.

Das Paradox, dass die politische Sphäre vom Nihilismus verwüstet wird *und gleichzeitig* seiner Überwindung die Bühne bereitet, rührt daher, dass das Gebiet des Politischen für Weber durch und durch parteilich ist. Es ist von seinem Wesen her eher eine Sphäre des Streits (über Sinn und nicht nur Ziele) als der Objektivität, obwohl es deshalb nicht gleich rein subjektiv ist oder sich auf Interessen reduzieren lässt.[26] Die erbarmungslose

Parteilichkeit des politischen Lebens bindet Politik an Kämpfe um Werte, aber die den Werten in der Moderne inhärente Unbegründetheit bindet Werte an Politik. Deshalb merkt Sheldon Wolin an, dass sich Werte für Weber »zum symbolischen Äquivalent von Politik entwickelten«, weshalb er sie von der Wissensproduktion und Lehre abgesondert habe.[27] Aber auch das Gegenteil ist der Fall: Werte in der Politik sind irreduzibel, sie lassen sich nicht auslöschen, ohne das politische Leben selbst auszulöschen. Nach Ansicht von Weber drohte eine solche Auslöschung durch die Möglichkeit, dass Politik von der Bürokratie erdrückt oder auf Verwaltung, Technokratie, reines Interesse oder Machtspiele reduziert werden könnte. Überdies wird Politik aufgrund der Diversifizierung der Werte infolge des Zusammenbruchs moralischer Autorität in der Moderne immer wichtiger für die Schlichtung oder Vermittlung bei Wertekonflikten.[28] Obwohl die Politik seiner Zeit nach Webers Verständnis von Auswirkungen des Nihilismus strotzte, erkannte er deshalb trotzdem ihr einzigartiges Potenzial als ein Gebiet, auf dem die Frage artikuliert, in die Debatte geworfen und um sie gerungen werden kann, wie wir zusammenleben sollen, nachdem die in der Tradition oder in moralisch-religiösen Grundlagen wurzelnden Antworten durch die miteinander zusammenhängenden, aber doch unterschiedlichen Kräfte der Entzauberung und der Rationalisierung fragwürdig geworden sind. Da Macht die Devise von Politik, deren ultimatives Werkzeug Gewalt und ihr Wesen Parteilichkeit ist, kann es aber gleichwohl *niemals* politische Neutralität, Objektivität oder Frieden geben. Der sich auf ihrem Gebiet entfaltende Kampf um Werte währt ewig – welch schwacher Trost für diejenigen, die immer noch auf Fortschrittserzählungen setzen, von Harmonie oder epistemischer Universalität ganz zu schweigen.

So lautet die Kurzfassung meiner Interpretation von Weber und warum ich denke, dass Webers Ringen mit dem Nihilismus in Politik und Wissenschaft für unsere heutigen Problemkonstellationen in beiden Bereichen nützlich ist, auch wenn wir – wie ich – nicht mit den Rezepten und Verboten einverstanden sein mögen, die Weber in Reaktion auf die von ihm so scharfsinnig erfasste Lage aufbot; auch wenn wir seine Bestimmungen der eigentlichen Beschaffenheit von Wissenschaft (objektiv) und Politik (staatszentriert) in Zweifel ziehen mögen; und auch wenn wir seine Einsichten für Phänomene heranziehen mögen, die er ablehnte, wie politische Mobilmachung bei der Linken oder tiefe Demokratisierung.[29]

In den folgenden Kapiteln werde ich mich jeder Vorlesung einzeln zuwenden: erst der über Politik, dann der über Wissenschaft. Dies kehrt die Reihenfolge um, in der Weber die Vorlesungen verfasst und gehalten hat – die über Wissenschaft im November 1917 und die über Politik dann im Januar 1919 –, aber wenn man in dieser Abfolge Überlegungen über sie anstellt, kommt das breiter angelegte postnihilistische Projekt zum Vorschein, das bei Weber stillschweigend, vielleicht sogar unbewusst, eine Brücke zwischen diesen beiden Bereichen errichtet. Eine weitere Anmerkung noch: Wie die Leserschaft feststellen wird, verbirgt sich keine Weber-Spezialistin hinter diesen Überlegungen. Natürlich stehe ich in der Schuld der Weber-Forschung, ich habe aber nicht die Absicht, meinerseits einen Beitrag zu ihr zu leisten. Ich verfolge eher das Ziel, um unserer Zeiten, unserer verstörten und verstörenden Welt willen mit Weber zu denken.

I

Politik

Es ist ja durchaus richtig, [...] daß man das Mögliche nicht erreichte, wenn nicht immer wieder in der Welt nach dem Unmöglichen gegriffen worden wäre. Aber [...] auch die, welche [weder Führer noch Helden] sind, müssen sich wappnen mit jener Festigkeit des Herzens, die auch dem Scheitern aller Hoffnungen gewachsen ist.

Max Weber

Politik bedeutet ein starkes langsames Bohren von harten Brettern.

Max Weber

In der heutigen Umgangssprache gilt Nihilismus als eine Einstellung, der zufolge nichts, schon gar nicht das menschliche Leben von seinem Wesen her Sinn oder Wert besitzt. Als individuelle, entweder Punks, Terrorist:innen, gelangweilten Jugendlichen, Postmodernist:innen oder manchen Depressionsformen zugeschriebene Weltanschauung* wird er auf affektiver Ebene mit trostlosen Zukunftsaussichten, Zynismus, Pessimismus, Relativismus oder Verzweiflung assoziiert. Er wird auch häufig mit Verantwortungslosigkeit, Machtanmaßung, gewissenlosem Verbrechertum und Unbarmherzigkeit gleichgesetzt. Natürlich trägt der Nihilismus alle diese Möglichkeiten in sich. Doch als – von verschiedenen Kräften im modernen Europa sowie insbesondere durch die Infragestellung göttlicher Autorität in der Aufklärung verursachter und sich in jüngerer Zeit durch die neoliberale Ökonomisierung aller Werte sowie Techniken Künstlicher Intelligenz verschärfender – Zustand ist Nihilismus etwas anderes.

Für Weber und Nietzsche ist Nihilismus ein unvermeidlicher Auswuchs der westlichen Moderne, der sich bildet, wenn Vernunft und Wissenschaft religiöse Wahrheit und die von ihr gewährleisteten Werte verdrängen. Wenn die vormoderne Autorität nicht monotheistisch, wenn das Höchste Wesen nicht allwissend und allmächtig und wenn die Vernunft nicht die Rivalin von Gott und anschließend sein Ersatz gewesen wäre, hätte die Aufklärung keine Sinnkrise ausgelöst. Die Wissenschaft hätte die religiöse und traditionelle Autorität nicht vom Sockel gestoßen und die Vernunft wäre nicht als Ersatz für religiöse Sinnquellen herangezogen worden. Doch ein solches »Wenn« ist nicht nur schwer vorstellbar, sondern auch irrelevant für die europäische Moderne, die nach Nietzsches und Webers Verständnis aus einer säkularen Transformation der religiösen Fundamente des Westens hervorging. Diese unter anderem von beispiellosen wissenschaftlichen Leistungen, kalkulatorischer und instrumenteller Vernunft, Kapital und staatlicher Macht angegriffenen Fundamente wurden bei diesem Angriff nicht nur überwunden, sondern zertrümmert und ihre Bruchstücke bestimmen nach wie vor die Landschaft. Der Nihilismus wurzelt mithin in und ergreift anschließend die Flucht vor der spezifischen, auf die anhaltende Krise des Monotheismus in der westlichen Moderne zurückgehenden misslichen Lage des Sinns.[1] Dass er allerdings über dieses ursprüngliche Einfallstor hinaus auf Institutionen und Praktiken überzugreifen und in ihnen Niederschlag zu finden vermochte, trug zur Verbreitung des Nihilismus über die gesamte soziale und politische Landschaft der Gegenwart bei.

Webers Nihilismus-Auffassung knüpft an Nietzsche an, schätzt die Auswirkungen des Nihilismus aber anders ein und bereitet einem anderen Kampf gegen ihn die Bühne. Für Nietzsche ist Nihilismus ein kulturhistorischer Zustand, der sich aus dem Sturz Gottes ergibt und mit der Einsicht einhergeht, dass weder die säkularisierte Religion noch deren Cousinen, Wissenschaft und Vernunft, den Sinn menschlicher Existenz bzw. menschlicher Bestrebungen gewährleisten. *Solange sie im Banne des Zustands steht, der sie hervorgebracht hat,* führt diese Einsicht zu der Überzeugung, dass das Leben selbst sinn- und wertlos ist, gegen die Nietzsche sich dadurch zur Wehr setzt, dass er uns den Auftrag erteilt, außerhalb der in jenseitigen Fundamenten wurzelnden Moralsysteme Sinn zu konstruieren und zu setzen. Nihilismus ist der Zustand, in den wir geraten, nachdem die fraglichen jenseitigen Fundamente erschüttert worden sind, noch bevor die säkulare Aufgabe, Werte zu erschaffen und zu »setzen«, in Angriff genommen worden ist. Deshalb bezeichnet Nietzsche den Nihilismus als »einen pathologischen *Zwischenzustand*«, wobei das Pathologische in der »ungeheure[n] Verallgemeinerung« besteht, aus dieser speziellen Sinnkrise, »*auf gar keinen Sinn*« zu schließen.[2] »*Eine* Interpretation gieng zu Grunde; weil sie aber als *die* Interpretation galt«, schreibt Nietzsche, »erscheint es, als ob es gar keinen Sinn im Dasein gebe, als ob alles *umsonst* sei.«[3]

In solch einer historisch-kulturellen Lage zu akzeptieren, dass wir »wertsetzende« Geschöpfe sind, fällt Gläubigen genauso schwer wie Atheisten. Nietzsche schreibt:

> Die Frage des Nihilism »*wozu*?« geht von der bisherigen Gewöhnung aus, vermöge deren das Ziel von außen her gestellt, gegeben, gefordert schien – nämlich durch irgend eine *übermenschliche Autorität.* Nachdem man verlernt hat an diese zu glauben, sucht man doch noch nach alter Gewöhnung eine **andere** *Autorität*, welche *unbedingt zu reden wüßte*, Ziele und Aufgaben *befehlen könnte*. Die Autorität des **Gewissens** tritt jetzt in erste Linie (je mehr emancipirt von der Theologie, um so imperativischer wird die *Moral*); als Schadenersatz für eine *persönliche* Autorität. Oder die Autorität der **Vernunft**. Oder der *sociale Instinkt* (die Heerde). Oder die **Historie** mit einem immanenten Geiste, welche ihr Ziel in sich hat und der man sich *überlassen kann*. [...] Endlich: *Glück*, und, mit einiger Tartüfferie, das *Glück der Meisten*.[4]

Heute lassen sich weitere Stellvertreter der Autorität von ehedem ausfindig machen – zum Beispiel der Glaube an die transzendente Wahrheit von Märkten, sozialer Gerechtigkeit, Natur, Heteropatriarchat, Humanismus oder Antihumanismus. Doch möchte ich für den Augenblick bei Nietzsches weitreichenderer Behauptung bleiben, dass diese Stellvertreter zwar darauf abzielen, nihilistische Schlussfolgerungen abzuwehren, tatsächlich aber auf geradezu symptomatische Weise eine Welt zum

Ausdruck bringen, die ihren Halt im Gegebensein von Sinn verloren hat. Eine von Nietzsches dichtesten Schilderungen dieses Phänomens lautet folgendermaßen:

> Das Gefühl der *Werthlosigkeit* wurde erzielt, als man begriff, daß weder mit dem Begriff »*Zweck*«, noch mit dem Begriff »*Einheit*«, noch mit dem Begriff »*Wahrheit*« der Gesammtcharakter des Daseins interpretirt werden darf. Es wird nichts damit erzielt und erreicht; es fehlt die übergreifende Einheit in der Vielheit des Geschehens: der Charakter des Daseins ist nicht »wahr«, ist *falsch* ..., man hat schlechterdings keinen Grund mehr, eine wahre Welt sich einzureden ...
> Kurz: die Kategorien »Zweck«, »Einheit«, »Sein«, mit denen wir der Welt einen Werth eingelegt haben, werden wieder von uns *herausgezogen* – und nun sieht die Welt *werthlos aus* ...[5]

Dass die Welt wertlos *erscheint,* ergibt sich, wie gesagt, aus einer konkreten, sich durch den Zusammenbruch einer spezifischen Theologie auszeichnenden Geschichte. Ein solcher Anschein entspricht weder dem wahren Dasein noch wahren Werten, sondern ist eher eine Folge dieses Vorgangs. Deshalb fährt Nietzsche fort:

> Gesetzt, wir haben erkannt, in wiefern mit diesen *drei* Kategorien [Zweck, Einheit, Sein] die Welt nicht mehr *ausgelegt* werden darf und daß nach dieser Einsicht die Welt für uns werthlos zu werden anfängt: so müssen wir fragen, *woher* unser Glaube an diese 3 Kategorien

> stammt – versuchen wir, ob es nicht möglich ist, *ihnen* den Glauben zu kündigen. Haben wir diese 3 Kategorien *entwerthet*, so ist der Nachweis ihrer Unanwendbarkeit auf das All kein Grund mehr, *das All zu entwerthen*.[6]

Daran erkennt man die Wichtigkeit der *Umwertung* für das Verfolgen der Genealogie unserer moralischen Grundsätze und um herauszufinden, wie wir uns nach Abschluss einer solchen Genealogie vom Nihilismus erholen können. Und für eine Umwertung müssen die überkommenen Verstehensweisen des Ursprungs von Werten, die Interessen, denen sie dienen, und die Strukturen, die sie begründen, in Frage gestellt werden – wofür die Vorrede zur *Genealogie der Moral* zu Berühmtheit gelangte.[7]

Die Schwierigkeit einer Neubegründung von Werten in nihilistischen Zeiten beschränkt sich allerdings nicht auf die Aufgabe, vermessene Vorstellungen in Bezug auf Ursprung, Einheit und Telos zu überwinden. Vielmehr liegt der Kern dieser Schwierigkeit darin, was der Nihilismus mit den Werten macht. Für Nietzsche *entwertet* der Nihilismus die Werte, auch den Wert der Wahrheit selbst, schafft sie aber nicht aus der Welt. »[E]s fehlt das Ziel; es fehlt die Antwort auf das ›Warum?‹ was bedeutet Nihilism? – *daß die obersten Werthe sich entwerthen*.«[8] Wenn ihr Fundament abgetragen worden ist, ihre Formeln und Insignien aber fortbestehen, verflüchtigen die Werte sich nicht einfach, sondern werden dehnbar, ersetzbar, banal, instrumentalisierbar, leicht für fremde Zwecke manipulierbar sowie gleichzeitig Schauspielerei und überzogen.[9] Nietzsche nennt das »décadence«, und in Handel, Politik und Religion sowie beim ostentativen Versehen von allem und jedem mit dem Markenzeichen oberflächlicher Iterationen von kulturellen oder sozialen Werten wimmelt es in der Gegenwart nur so von Beispielen dafür. Wenn wie heute Werte zu Kapital werden, insofern sie Individuen genauso aufwerten wie Konzerne, Non-Profit-Organisationen, Städte und Staaten, und wenn sie mit Gegenständen in Verbindung gebracht werden, die von Investmententscheidungen über die Kaffeeauswahl bis zu Sportidolen reichen, gelangt ihre Banalisierung und Instrumentalisierung an einen Tiefpunkt, den nicht einmal Nietzsche vorhergesehen hat. In Hashtags, Autoaufkleber, Flohmarktschilder, flüchtige Gruppenidentitäten oder Werbeköder eingeschriebene Werte verlieren ihre Tiefgründigkeit und Dauerhaftigkeit, ihren Bezug zu einer Weltanschauung*, ihren umfassenden Einfluss auf Verhalten und Gewissen, ihr Vermögen, die moralische Ordnung zu prägen. Abgesehen davon, dass sie kulturelle Spaltungen anzeigen, stehen Markenzeichen, die auf der einen Seite mit Feminismus, Antirassismus und Antikolonialismus und einer nichtnormativen Geschlechterordnung und auf der anderen mit Gott, heteronormativen Familien und Patriotismus identifiziert werden, für Werte, die der Nihilismus ausgehöhlt und herausgeputzt hat.

Für Nietzsche geht die Entwertung der Werte außerdem mit einer radikalen Entkräftung des Gewissens einher. Wie geht das vor sich? Die von autoritativen Werten verlangte Sublimierung der (sowohl urtümlichen als auch historisch und kulturell geprägten – Nietzsches Raffinesse!) Instinkte und Wünsche verliert an Gewicht oder wird sogar rückgängig gemacht, was zu asozialen Ausbrüchen führt. Hier liegen Nietzsche und Freud eng beieinander, und wiederum besteht kein Mangel an Beispielen: Enthemmungen, insbesondere von Aggressionen lassen sich überall beobachten. Das »Gewissen«, das den Kern des liberaldemokratischen Gesellschaftsvertrags ausmacht, mag im Laufe seiner Geschichte Schaden genommen haben, doch heute wird es unverhohlen preisgegeben: Sowohl die gesetzgeberische als auch die volkstümliche Verpflichtung zu Fairness, Inklusion, Rechtsstaatlichkeit und gegenüber künftigen Generationen wird lässig über Bord geworfen und zuweilen offen attackiert. Zu den weiteren Auswirkungen eines nihilistischen Zustands gehören laut Nietzsche Hyperindividualismus und Präsentismus. Wenn der Gesellschaftsvertrag mit anderen und mit Vergangenheit und Zukunft platzt, finden wir uns in einer Ein-Personen-Welt und einer Welt des Jetzt wieder. Und auch diese Entwicklung fügt sich passgenau in das neoliberale Loblied der letzten 50 Jahre ein; denn der Nihilismus macht die neoliberale Ökonomisierung von allem leichter und wird gleichzeitig durch diese Ökonomisierung verstärkt. Gleichwohl wurde Hobbes' Erklärung, dass »der Wert eines Menschen [...] sein Preis« sei, im 17. Jahrhundert niedergeschrieben, was Nietzsches Beharren darauf rechtfertigt, dass der Nihilismus mit der Moderne und nicht im Zuge ihres Abflauens entstand.[10]

Wahrheit, macht Nietzsche geltend, wird in einem

nihilistischen Zeitalter gemeinsam mit allen anderen Werten entwertet.[11] Eine nicht bloß in strategischer Hinsicht durch Propaganda überwältigte, mit der Handelswelt verschweißte, von opportunistischen Demagogen oder russischen Trollfabriken manipulierte und von der Gier nach Clickbaits erschütterte Wahrheit – und ihre Cousinen Aufrichtigkeit, Integrität und Verantwortlichkeit – kann die Untergrabung und den Schwund der Werte nicht überleben. Tatsächlich offenbaren eine solche Untergrabung und ein solcher Schwund, dass Wahrheit ein Wert *ist*, der sich zuweilen mit Faktizität überlappt, sich aber kaum auf sie reduzieren lässt.[12] Auf diese Weise leistet auch der Antagonismus von Wissenschaft und Religion dem Niedergang der Wahrheit Vorschub. Wenn Religion keine Wahrheit verkörpert, sondern in Glauben und Bedürftigkeit wurzelt, dann ist Wahrheit für sie auch nicht erstrebenswert, bewunderungswürdig oder glanzvoll. Perverserweise macht diese Loslösung von der Wahrheit Religion denn auch zu einer völlig unverantwortlichen, promiskuitiven und wankelmütigen Gebieterin über Lebensformen und zugänglich für eine bestimmte Art von Politisierung, auf die ich gleich näher eingehen werde.[13]

Die weitgehende kulturelle und politische Entwertung der Wahrheit ruft ein Spektrum möglicher affektiver und intellektueller Orientierungen hervor, darunter Zynismus, Skeptizismus, Pessimismus, ja sogar Romantizismus. Für Nietzsche verläuft die Haupttrennungslinie zwischen denjenigen, die Religion zurückweisen, und denen, die an ihr festhalten. Die von ihm so genannten

»blassen Atheisten« schwelgen in Ironie, Skeptizismus und vor allem sich selbst. Genauso wie das Kultivieren und Befriedigen von Gelüsten erlebt der Narzissmus in einem nihilistischen Zeitalter zweifellos einen Boom. Wenn alle Werte dahinschwinden, sind nur noch unmittelbare Bedürfnisbefriedigung und Sicherheit verlockend. Heute stehen diese Auswirkungen des Nihilismus – ins eigene Selbst, seine Wünsche und seine Sicherheit vertieft zu sein – im genauen Einklang mit der herrschenden Rationalität sowohl des Neoliberalismus als auch des sicherheitsfixierten Autoritarismus, was die Mühelosigkeit erklärt, mit der beide die Demokratie verdrängt haben.[14] Auf der anderen Seite umklammern glühende Religionsverfechter:innen ihre Kreuze und verweigern sich jeder Verstandestätigkeit, was sie zu leichter Beute für Fiktionen, die sich als Wahrheiten ausgeben, und für die Mobilisierung durch Demagogen macht. Beide Tendenzen, narzisstische Selbstgefälligkeit und oberflächliche oder unstete Religiosität, bringen das zum Ausdruck, was Robert Pippin als das den Nihilismus ausmachende *Versagen des Begehrens* bezeichnet: sein verlorenes Bedürfnis nach Welt, nach dem Anderen oder sogar nach dem eigenen Leben.[15] Noch einmal Nietzsche: »[E]s fehlt das Ziel.«

Für Nietzsche geht die Durcharbeitung des Nihilismus, durch die eine andere Einstellung gegenüber dem Tod Gottes gewonnen werden soll, mit der Herausbildung von Werten auf einer tiefen, nicht-reaktiven Ebene und mit dem Bemühen einher, Werte in und für die Welt zu »setzen«. Diese Werterneuerung geht nicht auf Abwägungen oder eine kalkulierte Auswahl zurück, sondern teilt eher die nicht-rationalen und nicht-strategischen Wesenszüge des Eros. In Robert Pippins Worten: »Etwas packt uns, etwas, das wir nicht umhinkönnen, wichtig zu nehmen; wenn es im Dienst einer instrumentellen Strategie stände, wäre es keine Liebe und [...] weit mehr als eine einfache Wunschempfindung. Es ist mit einem vorbehaltlosen und leidenschaftlichen Bekenntnis zu und einer Identifizierung mit einem ersehnten Ziel verbunden.«[16] Die Überwindung des Nihilismus bedeutet keine rationale Entscheidung darüber, was aus einer uneinheitlichen Abfolge von Gegenständen und Möglichkeiten wertgeschätzt werden soll (was auf jeden Fall die Fiktion jener »untergeschobenen Wechselbälge, d[er] ›Subjekte‹«, aufrechterhalten würde, »›der Thäter‹ hinter dem Thun«, eines »indifferente[n] Substrat[s] vor dem »Wollen«), sondern die Herausbildung von Werten aus einer Quelle leidenschaftlicher Verbundenheit, wodurch das Versagen des Begehrens und die Ziellosigkeit des Nihilismus wieder wettgemacht werden.[17] Natürlich können Erziehung, Einflüsse oder Erfahrung eine solche Ausgestaltung prägen, die faktisch der Struktur entgegenwirken muss, die wir vorfinden – sie bleibt reaktiv, und sei es nur im Sinne dessen, was die Psychoanalyse »Ausagieren« nennt. Irgendeine beliebige leidenschaftliche Bindung reicht dafür also nicht aus. Dass eine solche Leidenschaft jetzt die Wurzel von Werten bildet, heißt gleichwohl, dass ihre postnihilistische Version sich nicht nur vom Göttlichen oder einer anderen absoluten Autorität, sondern auch von der in kultureller Hinsicht hegemonischen Reproduktion *und* Durchdringung im

Hinblick auf das gelöst hat, was wir gemeinhin Tradition nennen. Postnihilistische Werte haben kein Fundament, das ihre Wahrheit gewährleisten würde, und sie verfügen über keine allgegenwärtige homogene Kultur, die sie hervorbringt und widerspiegelt. Auch wenn sie weithin akzeptiert werden und erfolgreich gesetzt wurden (den Schritt über den Nihilismus hinaus bezeichnet Nietzsche als »Setzung neuer Werthe«), bleibt diese Neuerung bestehen. Eine solche Umkehrung des Ursprungs der Werte von der Einimpfung durch die Welt zur offenen Setzung durch Macht ist ein Grund, warum Max Weber die postnihilistische Wiedergewinnung von Werten der Seite charismatischer Führung zuschlagen wird.[18] Als stabile Autoritätsquelle ist in der Moderne nicht nur Gott, sondern auch die Tradition erledigt, und genauso wenig wie die Wissenschaft ist rationale oder legale Autorität in der Lage, Werte zu generieren. Nur charismatische Macht, deren *anima* ihr Einsatz für eine Sache und deren Reiz ihre Vision ist, die aber unabhängig von Religion operieren kann, hat das politische Potenzial, ihre Anhängerschaft durch den Nihilismus hindurch und über ihn hinaus zu führen.

Bevor wir dies weiterverfolgen, müssen wir kurz bei Webers Beschreibung des historischen Zustands des Nihilismus innehalten, die an Nietzsche anknüpft und doch von ihm abweicht, insofern sie einigen seiner Lösungen widersteht. Nietzsches Einfluss auf Weber war stark, aber für die Entwicklung von Webers eigener Sichtweise der Auswirkungen des Nihilismus auf Kultur, Politik und Wissenschaft waren Tolstois Werk und vielleicht sogar Tolstois persönliche, von nihilistischer Hoffnungslosigkeit geprägte Krise ebenfalls wichtig. Vor allem schwächte und bagatellisierte das bröckelnde Fundament autoritativer Werte in Webers Augen die Werte nicht nur, sondern sorgte auch für ihre Vermehrung und Diversifizierung.[19] Wenn die eine einzige und gemeinsame Wahrheit gewährleistende Autorität erst einmal verschwunden ist, leben wir laut Weber wie die Alten in der Antike, die »einmal der Aphrodite opferte[n], und dann dem Apollon«, nur dass die »Götter und Dämonen« heute »der mythischen, aber innerlich wahren Plastik jenes Verhaltens [...] entzaubert und entkleidet« seien.[20] Webers Heraufbeschwören der Griechen ist nicht leichtfertig dahingesagt: Da sich über letzte Werte nicht entscheiden lässt, werden wir auf einen bestimmten vormodernen, vorchristlichen Zustand zurückgeworfen, der das Versprechen der Aufklärung bricht, indem er in Bezug auf Werte Wahrheit eher entthront als krönt.

Wenn er seinen Halt in der Wahrheit verloren hat und

weder von Seiten der Wissenschaft noch vom Kapitalismus Unterstützung erfährt, wird der Liberalismus mitsamt den Prinzipien, die er vertritt, von Grund auf und auf gefährliche Weise angreifbar.[21] (Sowohl Nietzsche als auch Weber würden über den »Marktplatz der Ideen« stöhnen, der heute häufig als Bestimmungsfaktor für Wahrheit gepriesen wird, als hätte je ein Zusammenhang zwischen Märkten und Wahrheit bestanden, als würden Märkte Wahrheit eher gewährleisten und veredeln denn missbrauchen und herabsetzen und als ob Targeting und Trollen nicht längst zu dauerhaften Merkmalen aller Marktplätze geworden wären, auch des Marktplatzes der Ideen.[22]) Nichts stellt das Überleben des Liberalismus oder der Demokratie sicher, wenn, wie Weber es ausdrückt, »der einzelne [...] sich zu entscheiden [hat], welches *für ihn* der Gott und welches der Teufel ist«.[23] Zudem werden Völker und Nationen sich unweigerlich entzweien und spalten, wenn die Werte sich vermehren, diversifizieren und verflachen. Unsere Terminologie für diesen Zustand – »Kulturkriege« bzw. politische Polarisierung – verwechselt Wirkung und Ursache und verfehlt so den historischen Zustand, den Weber schildert. Für Weber ist die zerbröckelte Autorität moralischer oder politischer Urteile Ausgangspunkt der Entwurzelung der Werte; Säkularisierung und Rationalisierung beschleunigen ihre Aushöhlung oder Verflachung. Aus dieser Perspektive sind die Gegensatzpaare religiös–säkular, ländlich–städtisch oder reaktionär–emanzipatorisch, die heutige Expert:innen so häufig ins Feld führen, Ausdrucksformen, nicht Triebfedern dieses Zustands.

Sowohl die durch die Entwurzelung der Werte hervorgerufene Beschädigung bzw. Schmähung von Normen als auch die durch die Vermehrung der Werte ausgelösten sozialen Konflikte sind Auswirkungen des Nihilismus. Genauso wie eine spezifische Form von Hyperpolitisierung: *Alles* wird ikonisch für gegeneinander antretende politische Weltanschauungen oder innerhalb dieses Wettstreits zu einem Markenzeichen.[24] Heute erstreckt diese Hyperpolitisierung (und damit Banalisierung) von Werten sich bis in die Konsumgewohnheiten, Familienformen, die Inneneinrichtung, den Waffenbesitz, die Lehrpläne, Lieblingssportarten und -sportler:innen, das Umweltbewusstsein, die Mode, Sexualpraktiken, Geschlechterdarstellung, Ernährungsweisen und Trainingsformen. Abgesehen davon, dass sie tatsächlich die Verflachung der Werte anzeigt, schleust eine solche Hyperpolitisierung die Hauptdevisen von Politik – Gewalt, Betrug und die Manipulation des äußeren Anscheins – in alle Bereiche ein. Überall setzt sich ein kruder Machiavellismus durch. Umgekehrt spielt es auch eine Rolle, dass moralische Werte und Wissen ihrerseits zu Machtzwecken instrumentalisiert werden und diese Instrumentalisierung die Integrität und den Wert beider noch weiter verringert. Gleichzeitig legen Recht und Religion sogar den Anspruch ab, unpolitisch zu sein. (Man bedenke die Alltäglichkeit politisierter Ernennungen, Auslegungen und Entscheidungen im Rechtswesen auf der einen Seite und die Versuche der Religionsorganisationen, alle rechtlichen Beschränkungen ihrer politischen Betätigung abzustreifen, auf der anderen.) Zusammengenommen vertiefen solche Effekte den Skeptizismus gegenüber der Wahrheit, moralischen Standpunkten, unverfälschtem Glauben und dem Wert von Recht und Gesetz als neutralen Schieds- und Schutzinstanzen. Und dieser Skeptizismus gibt wiederum den nihilistischen Kräften noch mehr Auftrieb.

Und schließlich haben wir noch das, was Mark Warren als Webers stillschweigende These vom »bürokratischen Nihilismus« bzw. von der »Bürokratie als institutionalisierter Form des Nihilismus« in säkularen Ordnungen bezeichnet.[25] Da Bürokratien (und heute Technokratien) sich auf die Trennung von Mitteln und Zwecken stützen und rein technische Effizienz fördern sollen, können sie keine »Wertrationalität« verkörpern. In formaler Hinsicht stehen sie Werten gleichgültig gegenüber, obwohl sie natürlich in der Praxis deshalb nicht gleich frei von Normen sind. Diese Besonderheiten der Bürokratie erlangen nihilistische Kraft, wenn Bürokratien anfangen, solche Sphären wie die Politik zu beherrschen, anstatt bloß politischen Zielen zu dienen, wenn der Staatsapparat zum Staat wird und die politische Führung mit bürokratischer Schützenhilfe verschlingt und unter sich begräbt. Da eine solche Macht zudem die Macht der Führer und Institutionen gleichermaßen unterläuft, »treffen diese im Grunde genommen unverantwortliche Entscheidungen in Gestalt von technischer Expertise«.[26] In zunehmendem Maße verdrängt die der Bürokratie innewohnende Seelenlosigkeit nicht nur eine wertorientierte Entscheidungsfindung und wertorientiertes Handeln, sondern auch die Werte selbst.

Inwiefern und warum konnte die politische Sphäre für Weber, obwohl er mit einer Vielzahl von Nihilismusquellen im zeitgenössischen politischen Leben rechnete, ein Bereich sein, in dem Widerstand gegen den Nihilismus geleistet oder seine Überwindung vorangetrieben werden konnte? Inwiefern vermochte das politische Leben zu einer Bühne für die Erneuerung der Werte und die Wiederherstellung der für ein von substanziellen Werten getragenes Leben erforderlichen menschlichen Integrität werden, wenn die religiöse und moralische Autorität schwand und die Politik selbst voller sich immer weiter verzweigender Auswirkungen des Nihilismus war? Webers Geniestreich in »Politik als Beruf« besteht darin, sich schnurstracks in die Problemkonstellationen des Nihilismus hineinzubegeben und darauf zu beharren, dass die politische Führung im Ausgang von dieser misslichen Lage ihre Position bestimmt und ihre Ethik entwickelt – insbesondere im Ausgang vom verlorenen moralischen Fundament *und* von der dauerhaften Verzahnung aller politischen Zwecke mit dem, was er die »diabolischen Mächte« der Politik nennt. Diesem Werk werden wir uns nun zuwenden.

»Politik als Beruf«

In den trostlosen und bewusst weitschweifigen ersten zwei Dritteln von »Politik als Beruf« berichtet Weber ausführlich über die Geschichte der Rationalisierung und ihre Auswirkungen auf die moderne Politik, die einerseits bürokratische und administrative Mentalitäten und andererseits Parteiapparate mit ihren Bossen, Parteisoldaten und Klüngeln mit sich gebracht hat.[27] Er vermerkt auch, wie diese Parteiapparate in Verbindung mit dem allgemeinen Wahlrecht Massen hervorbringen, die Vernunft und Tatsachen zunehmend gleichgültig gegenüberstehen und nach Demagogie lechzen. Sie wissen die komplexen innen- und außenpolitischen Verhältnisse in modernen Staaten nicht zu würdigen und können deshalb nicht repräsentiert, sondern nur geführt werden. Während aufstrebende politische Führer sich 100 Jahre zuvor einer Redeweise bedienen konnten, die »sich [...] an den Verstand wandte«, wird heute »vielfach rein emotional mit Mitteln [...] gearbeitet [...], um die Massen in Bewegung zu setzen«. Allerhöchstens könne man, so Webers Fazit, heute auf eine plebiszitäre Demokratie hoffen, die eigentlich als »Diktatur, beruhend auf der Ausnutzung der Emotionalität der Massen«, beschrieben werden müsste.[28] Dies ist ein trostloses Bild, das offenlegen soll, warum die Umsetzung des allgemeinen Stimmrechts die Reduktion der Demokratie auf ihre nackteste Form verlangt.

Sein Ideal politischer Führung entwirft Weber mit

Blick auf diese Bedingungen, aber auf eine Weise, die dem politischen Leben gleichzeitig glanzvollere Möglichkeiten offenhalten soll. Es knüpft an eine vorbürokratische, noch nicht rationalisierte Vergangenheit an, kommt aber ohne Gefühlsduselei oder Nostalgie aus. Das »Heldentum« von Webers Politiker geht auf ebendieses Verhältnis zu den beklagenswerten gegenwärtigen Bedingungen der Politik und den Auswirkungen des Nihilismus zurück, die wir in Augenschein genommen haben. Der nüchterne politische Held der Moderne kämpft nicht gegen vorrückende Heere oder Tyrannen, sondern gegen bürokratische Unbeweglichkeit, Parteiintrigen, die Dummheit der Massen, Zynismus, Defätismus und die Versuchungen einer Macht, die jegliche Beziehung zu Integrität, Verantwortlichkeit, Vision und Zweckhaftigkeit verloren hat. Die Heldenhaftigkeit liegt in der Bereitschaft, sich durch diesen Sumpf hindurchzukämpfen, während man ein ernsthaftes und potenziell den Lauf der Geschichte veränderndes politisches Anliegen verfolgt.

Die inneren Qualitäten, die Weber mit einer Berufung zur Politik identifiziert, sind weithin bekannt. Sein idealer politischer Führer fühlt sich von Macht angezogen, berauscht sich aber nicht an ihr.[29] Sein Lohn ist das Vermögen, Menschen und die Geschichte zu beeinflussen, er widersteht aber »täglich und stündlich« den Versuchungen von Eitelkeit oder Narzissmus.[30] Er hat sich ohne Abstriche der Verwirklichung einer Weltanschauung verschrieben, ist aber weder egoistisch noch obsessiv, weil das Bewusstsein, dass jedes Anliegen eine Frage des

Glaubens und nicht der Wahrheit ist, ihn bescheiden macht.[31] Seine Macht wurzelt im Charisma, während Zurückhaltung und Weitsicht sein Handeln prägen. Seine Ethik bezieht sich eher auf die konkreten Umstände als auf Prinzipien, die den Kontext ausblenden oder ignorieren, und auf die Auswirkungen seines Handelns, insbesondere die unbeabsichtigten.[32] Er ist stark genug, um trotz zahlloser Rückschläge und tiefer Enttäuschungen auf Kurs zu bleiben.[33] Er hält Zynismus, Fatalismus und Verzweiflung stand.

Jede dieser kultivierten Qualitäten oder Praktiken ist eine Reaktion auf die Ausplünderung der Werte durch Rationalisierung und Nihilismus. Jede stellt weltliche Zwecke in den Mittelpunkt und verzichtet auf die Befriedigung des Egos und billige Spektakel. Das politische Begehren ist bei ihnen allen von dem Wunsch geprägt, einen Abdruck der eigenen Vision auf der Welt zu hinterlassen; bei jeder von ihnen bleibt die Kultivierung der eigenen Macht oder Reputation eng an den jeweiligen weltlichen Zweck gebunden. Zusammengenommen erwecken diese Qualitäten und die ihnen innewohnenden Spannungsmomente und Überwindungsleistungen den Eindruck, als habe Webers Figur des idealen Politikers keine organische Faser in sich. Sie ist kein Teil ihrer Bedingungen, obwohl sie klug mit ihnen umgehen muss; eher wird sie einer »Berufung« und seltenen inneren Ressourcen abgerungen. Für diese Kombination verfügt Weber bloß über das beschränkte Vokabular eines Anliegens bzw. einer »Sache« in Verbindung mit der Zurückhaltung, »Stärke« oder »Nüchternheit«, diese Sache vorsichtig und verantwortungsvoll zu verfolgen. Und obwohl er versucht, diese Qualitäten auf eine Linie mit dem Charisma zu bringen (zum Charisma gleich mehr), gehören Nüchternheit, Zurückhaltung und Beharrlichkeit wohl kaum zu den bekanntesten Merkmalen von Charisma. Auf ähnliche Weise knüpft Weber zwar an die säkularisierten Restbestände des protestantischen Ideals des Gottesdienstes durch irdische Arbeit an, verzichtet aber auf den Allmächtigen und ersetzt ihn durch eine eindrucksvolle, aber letztendlich unhaltbare Weltanschauung*. Er bringt diese Figur auch nicht mit der »Authentizität« in Verbindung, die zu seiner Zeit eine Modeerscheinung war, welche er als schwach, nachsichtig oder dekadent missbilligte und die genau das Gegenteil der Reifheit, asketischen Disziplin, Zurückhaltung und Konfrontation mit bitteren weltlichen Wahrheiten war, die er hochzuhalten versuchte.[34]

Webers Politiker leitet sich, kurz gesagt, von einer ebenso säkularisierten wie konstruierten Berufung ab, und dieser Konstruktivismus ist so offensichtlich, dass Weber sich nicht die Mühe macht, ihn besonders zu betonen.[35] Die weder auf Dialektik noch auf Immanenz zurückgehende und weder sozialwissenschaftlich noch religiös fundierte Möglichkeit von Politik tritt bei Führern zu Tage, die über den Geist, die Kraft und das Durchhaltevermögen verfügen, allen Eigentümlichkeiten eines nihilistischen Zeitalters mit einem leidenschaftlich und verantwortungsvoll verfolgten öffentlichen Ziel entgegenzutreten. Weber setzt weder auf einen revolutionären Umsturz der gegenwärtigen Mächte (von dem er nur einen weiteren Herrschaftsapparat befürchtete) noch darauf, vor ihnen zu kapitulieren (was den Nihilismus eher noch kräftigen würde). Und er setzt auch nicht auf einen Rückzug aus der politischen Sphäre, um sich in geistigen oder anderen existenziellen Gefilden auf die Suche nach kollektivem menschlichem Sinn und Wert zu begeben. Vielmehr könne nur eine verantwortungsvolle, charismatische politische Führung das dem Menschen eigene Vermögen wiederherstellen und umsetzen, das Zusammenleben entsprechend unserer Wertschöpfungsfähigkeit zu gestalten oder zu steuern.

Warum Charisma? An welche uns heute so verdächtigen Bestandteile von dessen innerem Wesen und äußeren Qualitäten knüpft Weber an, um den Nihilismus in Politik und politischer Kultur durchzuarbeiten oder zu vermeiden? Teilweise versucht Weber natürlich, das damalige Verlangen nach Demagogie zu nutzen, ohne diesem Verlangen nachzugeben, sondern es stattdessen in neue Bahnen zu lenken. Doch das ist nicht alles. Von den drei Arten von Autorität, die Weber bekanntlich anführt – charismatische, traditionale und rational-legale Herrschaft –, bewirkt nur die erste Gehorsam, weil sie das gegenwärtig Gegebene, seine Wirkmächte und Routinen, seine Orientierungspunkte und Voraussetzungen in Frage stellt. Nur Charisma ficht die die Gegenwart beherrschenden Kräfte und Apparate mit Hilfe einer alternativen Vision an. Nur Charisma fordert die entzauberte Welt mit Hilfe eines alternativen Sinnhorizonts heraus. Nach Webers Auffassung besticht Charisma dadurch, dass sein Ausmalen einer anderen Möglichkeit und eines anderen Orts das Alltägliche und Gegebene aufbricht. Gegen die nihilistische Unterdrückung der Werte weist es den Niedergang der Gegenwart zurück und gleichzeitig stellt es eine Vision bereit, die diese Zurückweisung rechtfertigt. Auch der Seelenlosigkeit des institutionalisierten Nihilismus setzt es etwas entgegen, wenn es sich von Institutionalisierung, Verwaltung und Routinisierung abkehrt und das politische Leben wieder mit Idealen und Tatkraft in Verbindung bringt.

Charismatische Führung definiert sich durch die überwältigende Anziehungskraft der von der Führung verkündeten oder verkörperten Werte und in dieser Hinsicht unterscheiden charismatische Führer sich von bloßen Demagogen. Auf eine im nichtmarxistischen Sinne revolutionäre Weise nimmt das Charisma es auch mit dem für die rational-legale Herrschaft charakteristischen Werteabbau auf. Im Zuge ihrer Neugestaltung verspricht es eine Wiederverzauberung der Welt. Nach Webers Auffassung unterscheidet sich charismatische Führung von anderen Revolutionierungsformen, ganz zu schweigen von ganz gewöhnlichem Größenwahn durch ihre besondere Ausgewogenheit von »inneren Bestimmtheiten«, also so etwas wie Entschlossenheit, und »Grenzen seiner selbst« im Sinne innerer Zurückhaltung, die mitunter auch als »self-determination« (Selbstbestimmung) und »self-limitation« (Selbstbegrenzung) ins Englische übersetzt werden.[36] Charisma lässt sich nicht aus einer Aufblähung des Ichs beziehen, ohne in sich zusammenzufallen (das Ich hört dann auf, ein Vehikel für die Sache oder das Anliegen zu sein, und wird selbst zum Anliegen), es lässt sich aber auch nicht formalisieren, regulieren oder institutionalisieren, ohne dass es verschwindet (die Persona würde der Institutionalisierung zum Opfer fallen).[37] Nicht nur seine Voraussetzungen, sondern auch ein Großteil der Kraft des Charismas rühren von dieser zentralen Spannung zwischen leidenschaftlicher Entschlossenheit und Zurückhaltung her. Für sich genommen, kann wilde Entschlossenheit der Sache leicht schaden, sie kann sie unter sich begraben oder in ungebändigten Ehrgeiz umschlagen. Zurückhaltung allein geht in Richtung Mäßigung, Kompromissbereitschaft oder zögerliches Handeln. Doch in ihrem Spannungsverhältnis stiften Entschlossenheit und Zurückhaltung zusammen die welterschaffende Kraft, die den Kern charismatischer Führung ausmacht. Dasselbe Spannungsverhältnis kommt auch in der unverwechselbaren Ethik zum Ausdruck, die Weber fürs politische Handeln ausarbeitet. Diese Ethik, die wir uns gleich näher ansehen werden, kombiniert »heiße Leidenschaft und kühles Augenmaß«, um das zu erreichen, was er als »geschulte Rücksichtslosigkeit« im Hinblick auf die jeweilige Sache (was mitunter politischer Kantianismus genannt worden ist) und als »*Distanz* zu den Menschen und Dingen« bezeichnet.[38]

Leidenschaft für eine Sache, Zurückhaltung, Entschlossenheit, Augenmaß und ein Pathos der Distanz, das Weber von Nietzsche übernimmt, aber transformiert, indem er es seiner aristokratischen Allüren entkleidet und ihm Asketismus einimpft: All dies zusammen macht den nichtsublimierten Aggressionen, kleinlichen Sorgen, Bösartigkeiten, der Selbstversunkenheit und dem

Wunsch nach unmittelbarer Bedürfnisbefriedigung in einer nihilistischen Kultur den Rang streitig. Diese Qualitäten treten auch dem entgegen, was Weber als weitere tagespolitische Leitmotive ansieht: die Ausrichtung auf Verwaltung, Gesetze oder Technokratie, die Weber als »sterile Aufgeregtheit« von Revolutionären, »naiven Idealismus« von Puristen und Utopisten sowie »frivoles intellektuelles Spiel« von Angebern und Narzissten schmäht.[39]

Doch wie ich bereits angedeutet habe, ist diese Verschmelzung von Nietzsche mit Kant, eines ungestümen und leidenschaftlichen Machtinstinkts mit Selbstlosigkeit und asketischer Zurückhaltung bestenfalls unbeholfen. Das nüchterne, hartnäckige, verantwortungsvolle Verfolgen einer nichtpersönlichen Sache ist keine alltägliche Form von Leidenschaft, vor allem nicht in einem nihilistischen Zeitalter, in dem es an *»inneren Schwergewicht[en]«* mangelt und »Windbeutel [...], die [...] sich an romantischen Sensationen berauschen«, an der Tagesordnung sind.[40] Deshalb verlangt das von Weber beschriebene Verhalten und Ethos, dass man die Leidenschaft von ihrem natürlichen Kurs abbringt, ihre Befriedigung aufschiebt oder gänzlich ablehnt und ihr den Anstrich einer »Gewöhnung an Distanz – in jedem Sinn des Wortes« – gibt.[41] Auf diese Weise hat Weber eine nahezu unmögliche Figur konstruiert: eine charismatische Persönlichkeit mit einem starken Machtinstinkt, die aber ausschließlich die Sorge um die Welt beseelt, deren alltägliche Arbeit im »starke[n] langsame[n] Bohren von harten Brettern« und im Kampf gegen etablierte Machtapparate besteht und die zurückhaltend, nüchtern, abgeklärt und ausnehmend verantwortungsvoll ist.

Bevor wir diesem Problem weiter nachgehen, müssen wir uns die Frage stellen, warum Weber eher nach Verantwortung als nach Vernunft greift, um der politischen Leidenschaft Zügel anzulegen. Insbesondere da sowohl Nihilismus als auch Demagogie es nicht gerade auf Vernunft anlegen. In einer von instrumenteller Rationalität beherrschten Zeit führt Vernunft allein bei jeder Zielsetzung bloß zu noch mehr Berechnung und Rationalisierung. Durch die Kombination von Leidenschaft mit instrumenteller Vernunft entsteht die äußerst gefährliche politische Tendenz, dass Zwecke die Mittel heiligen und alles – Gesetze, Einzelpersonen, Religionen, Prinzipien – für Zwecke instrumentalisiert bzw. herabgewürdigt werden darf, was deren ursprünglichem Wert abträglich ist. Nicht kalkulatorische Vernunft, sondern eine unverwechselbare Verantwortungsethik für *alle*, aber besonders für die mittelbaren und unbeabsichtigten Folgen einer Handlung ist also erforderlich, um die politische Leidenschaft zu lenken und zu mäßigen, ohne sie zu ersticken.

Über die Vermeidung von Instrumentalismus hinaus soll die Verantwortungsethik auch die Eitelkeit eindämmen, »die Todfeindin aller sachlichen Hingabe und aller Distanz […] sich selbst gegenüber«. Bei Weber steht Eitelkeit für den Moment, in dem der für jeden politischen Akteur unverzichtbare politische Machtinstinkt die Sache unter sich begräbt und zu »Selbstberauschung« wird.[42] Eitelkeit heißt auch, dass man sich mit dem Abdruck, den man in der Geschichte zu hinterlassen sucht, und mit der Macht, die man aufbietet, um dieses Ziel zu erreichen, identifiziert, anstatt sich von ihnen zu distanzieren. Wenn ein politischer Akteur zur Sache bzw. zum Anliegen *wird*, anstatt es auf den Weg zu bringen, verschwinden Reflexivität, Abgeklärtheit, Zurückhaltung und vor allem Verantwortung in der Versenkung und rückt der Machtkitzel in den Mittelpunkt.

Weber verweilt lange beim Problem der Eitelkeit, weil er sie nicht nur als bloße Eigenschaft mancher Personen, sondern als endemisch für die Politik ansieht, vor allem, aber nicht nur in der Blütezeit des Nihilismus. Wenn »der Demagoge auf ›Wirkung‹ zu rechnen gezwungen ist, [...] ist [er] eben deshalb stets in Gefahr, sowohl zum Schauspieler zu werden wie die Verantwortung für die Folgen seines Tuns leicht zu nehmen.« Webers diesbezügliches Urteil ist hart: »[O]bwohl, oder vielmehr: gerade *weil* Macht das unvermeidliche Mittel, und Machtstreben daher eine der treibenden Kräfte aller Politik ist, gibt es keine verderblichere Verzerrung der politischen Kraft, als das parvenumäßige Bramarbasieren mit Macht und die eitle Selbstbespiegelung in dem Gefühl der Macht.« Er verdammt die »höchst dürftige [...] und oberflächliche [...] Blasiertheit gegenüber dem *Sinn* menschlichen Handelns«, die in dieser Einstellung zum Ausdruck kommt.[43] Als reine Äußerungsformen von Nihilismus machen deren Unsachlichkeit im Sinne eines fehlenden Bekenntnisses zu etwas anderem als sich selbst und die damit einhergehende Verantwortungslosigkeit die »zwei Arten von Todsünden auf dem Gebiet der Politik« aus.[44]

Abgesehen vom Problem der Eitelkeit wird Webers Eintreten für eine eigene politische Verantwortungsethik gemeinhin als Reaktion auf die unvorhersehbaren Folgen des Handelns (was er als »Tragik des Tuns« oder als »ethische Irrationalität« der Politik bezeichnet) in einer mit »diabolischen Mächten« durchzogenen Sphäre gelesen, darunter auch und vor allem Gewalt.[45] Die Wachsamkeit gegenüber Macht mit tiefer Überzeugung paarende Ethik ist Webers Rezeptur, um im politischen Leben zwischen Scylla und Charybdis hindurchzusteuern: zwischen reiner Machtpolitik* auf der einen und einer auf moralische oder ethische Prinzipien reduzierten Politik auf der anderen Seite. Seine Argumentation richtet sich auch gegen Rationalisierung und Nihilismus, da Erstere Freiheit und Größe zermalmt und Letzterer Politik auf Machtanmaßung und verantwortungslose Gewalt reduziert, wodurch Werte instrumentalisiert werden und deshalb noch mehr an Ansehen verlieren. In Verbindung mit Führung soll die Verantwortungsethik wieder Werte und Politik als ihr Feld in den Mittelpunkt stellen, nachdem der Säkularismus ihr Fundament erschüttert, die Rationalisierung ihr ihren Ort genommen und der Nihilismus ihre Tiefgründigkeit und ihre Würde zerstört hat. Diese Ethik ist mithin nicht nur eine individuelle Angelegenheit, sondern wird uns von Weber als *ethos* angedient, das dazu beitragen könne, Politik wieder zu *dem* Gebiet zu machen, auf dem um »letzte Werte« gekämpft wird, und das gleichzeitig die Gefahr eines Einsatzes von Werten als Waffe (und folglich ihrer weiteren Herabwürdigung) auf der einen und einer Verwechslung des politischen mit dem religiösen Gebiet auf der anderen Seite bannt. Für die Einbindung von Werten in das Projekt einer Durcharbeitung des Nihilismus ist ein solches Ethos sowohl im Hinblick auf Individuen als auch auf die Gesellschaft im Ganzen unverzichtbar. Und im Kontext einer irrationalen ethischen Ordnung, in der wir unsere Handlungsabsichten nicht dauerhaft kontrollieren können, obwohl wir immer ihre Urheber bleiben, bemüht es sich um eine Neubegründung von Verantwortung. Jede dieser postnihilistischen Strategien ist einer näheren Betrachtung wert.

Die Verantwortungsethik wird erst gegen Ende von »Politik als Beruf« erörtert, aber schon frühzeitig angebahnt. Weber beginnt seine Vorlesung mit einer enggefassten Definition von Politik als Leitung eines politischen Verbandes (»also: eines Staates«) und erklärt dann kurioserweise, dass der moderne Staat sich soziologisch nur unter Bezugnahme auf die für ihn eigentümlichen Mittel, nämlich mit Blick auf das Monopol auf physische Gewaltsamkeit bestimmen lässt.[46] Weber weiß, dass Staaten, ja sogar ihre eigentümlichen Mittel sich nicht darauf beschränken. Die folgenden Seiten sind der Entstehung und Konsolidierung von Staaten, ihren Apparaten und Institutionen sowie der ihnen eigenen Organisation des politischen Lebens gewidmet. Außerdem setzt Weber Staatsziele mit nationalem Ruhm gleich. Warum also soll man Staaten durch ihr Gewaltmonopol definieren?

Weber konzentriert sich unter anderem deshalb auf die Gewalt, um seine Kritikpunkte am Sozialismus, am revolutionären Marxismus und am christlichen Pazifismus anbringen zu können. Er glaubt, dass alle diese Lehren zwar jeweils unterschiedlich, aber auf unredliche und gefährliche Weise versuchen, ihre formalen Tugenden von ihrer Gewaltverstrickung zu trennen. Allgemeiner gesagt, beunruhigt Weber der Schaden, der entsteht, wenn man zulässt, dass politische Zwecke jedes Mittel heiligen, wozu im Zeitalter instrumenteller Rationalität eine starke Tendenz besteht. Die Bestimmung von Politik als staatszentriert und von Staaten als gewaltzentriert macht das äußerste Mittel im politischen Leben der Moderne – staatliche Gewalt – also im Wesentlichen wieder an politischen Visionen oder Projekten fest. Ein solches Festzurren unterstreicht nun aber, dass sowohl gezielte Gewaltanwendung als auch ihre zufällige Entfesselung unausweichliche Merkmale von Politik sind. Beide schweben über jedem politischen Akt und Ereignis, ob das Ziel nun im Führen, Ansichreißen oder Zerschlagen von Staaten, im Initiieren, Reformieren oder Aufheben von Gesetzen oder im Verhindern, Anfangen, Beenden von Kriegen bzw. darin besteht, ihnen beizutreten. Und wiederum stellt Weber Gewalt nicht ins Zentrum seiner Darstellung des Politischen, um sie zum Wesen von Politik zu erklären – sie ist lediglich ein Instrument, der Kampf um Werte ist ihm wichtiger. Doch für diesen Meister der Theorie, dass Mittel Zwecke vertilgen können, gibt es im Hinblick auf Instrumente kein »lediglich«. Deshalb ist er bemüht, diejenigen aufzuschrecken und ihnen den Boden zu entziehen, die sich an ihre Prinzipien klammern oder ihr Handeln verteidigen, ohne auf dieses Instrument Bezug zu nehmen:

> Wer Politik überhaupt [...] betreiben will, [...] läßt sich [...] mit den diabolischen Mächten ein, die in jeder Gewaltsamkeit lauern. Die großen Virtuosen der akosmitischen Menschenliebe und Güte, mochten sie aus Nazareth oder aus Assisi oder aus indischen Königsschlössern stammen, haben nicht mit dem politischen Mittel: der Gewalt, gearbeitet, ihr Reich war »nicht von dieser Welt«, und doch wirkten und wirken sie in dieser Welt [...]. Wer das Heil seiner Seele und die Rettung anderer Seelen sucht, der sucht das nicht auf dem Wege der Politik, die ganz andere Aufgaben hat: solche, die nur mit Gewalt zu lösen sind.[47]

Noch eindringlicher als seine Warnung vor einer Verwechslung von gerechten mit politischen Positionen oder Religion mit Politik ist Webers Verurteilung der Sorge ums reine Prinzip im Reich des Politischen als logischen Kategorienfehler. Wenn *diabolische* Mächte in Gestalt von organisierter menschlicher Gewalt das Reich des Politischen durchziehen, ist es nicht bloß naiv, sondern unverantwortlich, so zu tun, als sei dies nicht der Fall. Weber weiß, dass ein großer Teil seines Publikums so etwas vorgibt. Dies mit Hilfe der seiner Auffassung nach allein der Politik zukommenden Verantwortungsethik zu unterbinden, ist Webers intellektuelles Ziel. Sein praktisches Ziel besteht dagegen darin, Akteuren die Verantwortung für Mittel *und* Zwecke aufzuerlegen und sie doch analytisch getrennt voneinander zu halten. Ein und dieselbe Handlung bzw. ein und derselbe Akteur ist für beides verantwortlich, und Politik umfasst immer beides. Deshalb ist im postnihilistischen Ethos bzw. im postnihilistischen politischen Handeln weder Platz für abstrakte Prinzipien noch für krude, auf die Sicherung und Beförderung der eigenen Macht oder Sache abzielende Berechnungen.

Bekanntlich setzt Weber der Verantwortungsethik eine Gesinnungsethik entgegen, die sich auf zwei Weisen äußern kann: Die eine nennt er »absolute Ethik« und sie umfasst ein Verhalten, das eng an einen Moralkodex wie christliche Tugendhaftigkeit oder Prinzipien der Gewaltlosigkeit gebunden ist. Anhänger dieser Ethik kennen die »Tragik des Tuns« nicht, die Lücken zwischen Beweggrund, Ziel und Folge, in denen nach Webers Verständnis die ethische Irrationalität des Reichs des Politischen besteht, dessen Scheitern, einer rationalen Ordnung zu entsprechen, in der die Absicht Handeln und Folgen diktiert.[48] Unablässige Verantwortung für die Konsequenzen, und zwar besonders für die nicht beabsichtigten Folgen, ist genau wegen dieser Lücken notwendig. Sie verbieten eine Entschuldigung wie »Huch, das wollte ich nicht« für die ob nun beabsichtigte oder unbeabsichtigte Folge einer Handlung. Eine absolute Ethik bzw. das, was er an manchen Stellen ethische Überzeugung nennt, weist diese Dimension der Politik eher von sich, anstatt sie zu widerlegen. Oftmals prangert sie laut Weber auch an, dass die Welt zu »dumm und gemein« ist, als dass ihre Prinzipien sie zu überzeugen oder zu steuern vermöchten. Deshalb entpuppt die absolute Ethik sich als eine Form des *Ressentiments* gegenüber der Politik.

Die zweite Kontrastfolie für seine Verantwortungsethik, die Weber als »Gesinnungsethik« bezeichnet, verweigert sich der ethischen Irrationalität von Politik auf andere Weise als die »absolute Ethik«. Diese Form der Gesinnungsethik gewinnt nicht durch Prinzipien Kontur, sondern durch ihr Bekenntnis zu einem rationalen Ideal, von dem gemeinhin angenommen wird, dass weder Macht noch Parteilichkeit es verzerren. Kurz gesagt, besteht darin das Problem von Utopien. Weil das Ideal rational (oder schön oder vollkommen) ist, können seine Verfechter:innen zu seiner Erreichung jedes Mittel für gerechtfertigt halten. Webers diesbezügliche Hauptzielscheibe ist der Bolschewismus. Aber auch liberale Politiker, die sich auf eine imperiale oder koloniale Zivilisierungsmission einlassen, und neoliberale Politiker:innen von Pinochet bis Thatcher machen sich in dieser Hinsicht durchaus angreifbar, wenn die Herbeiführung ihrer idealen Ordnung in ihren Augen staatliche Gewalt und andere Kollateralschäden rechtfertigt.

Einer absoluten Ethik verpflichtete politische Akteure reduzieren politisches Handeln auf Prinzipien, während gesinnungsethisch orientierte politische Akteure ihm einen teleologischen oder eschatologischen Rahmen geben. Dass beide die Mittel von den Zwecken trennen und die spezifischen Machtformen, die Parteilichkeit und die »Tragik des Tuns« scheuen, die feste Bestandteile von Politik sind, ist gefährlich. Beide drücken sich vor der Verantwortung für das, was aus ihrem Handeln wird, und für das, wofür es steht. Da sie zudem beide die ethische Dimension des Handelns übermäßig personalisieren, insofern sie alles auf persönliche Beweggründe oder Ziele zurückführen, entpersonalisieren sie außerdem die Weltlichkeit des Handelns – dessen Wandel in der und durch die Welt, in die es eingreift – und behandeln stattdessen Prinzipien bzw. die Vernunft so, als bestimmten sie über den Sinn des Handelns. Auch so wird politische Verantwortung auf einem Gebiet vermieden, auf dem Zwecke und Folgen so leicht auseinanderfallen und »das schließliche Resultat politischen Handelns oft, nein: geradezu regelmäßig, in völlig unadäquatem, oft in geradezu paradoxem Verhältnis zu seinem ursprünglichen Sinn steht«.[49]

Trotzdem beschließt Weber diese Überlegungen bekanntlich damit, dass nur jemand, der Verantwortungsethik um Gesinnungsethik ergänzt, wirklich zur Politik berufen ist.[50] Nur wer »diese Verantwortung für die Folgen [seines Handelns] real und mit voller Seele empfindet« und doch einer Sache rückhaltlos verpflichtet sei, könne ein politischer Held sein.[51] Doch wie lassen diese Ethiken sich in einem einzigen Wesen und einem Bündel von Praktiken vereinen? Webers diesbezügliche Wortwahl ist aufschlussreich: Reife, Nüchternheit, Männlichkeit, Zurückhaltung und das Vermögen, bittere Enttäuschungen auszuhalten, ohne zu jammern, ohne Zynismus oder ohne sich ganz aus der Welt zurückzuziehen.[52] Das Vermögen, »all dem gegenüber ›dennoch!‹« nicht locker zu lassen.[53] »*Augenmaß*« beim Verfolgen jedweden politischen Projekts.[54] Die Umwandlung von Nietzsches komplexem »Pathos der Distanz« von einer klassenbasierten Empfindung in eine allgemeine »*Distanz* zu den Dingen« und »sich selbst gegenüber«, eine merkwürdige

Objektivität gegenüber der Sache und ihrer Verfolgung. Durch diese Distanz oder Objektivität bleibt man an die Sache und an das Kraftfeld gebunden, in dem man sie zu verwirklichen sucht, und so wird auch die Versuchung unterbunden, sich selbst oder andere mit Posituren oder Positionen zufriedenzustellen, die entweder irrelevant (redlich und nicht von dieser Welt, aber auch ressentimentgeladen) oder unbesonnen sind.

Trotzdem gibt es Momente, in denen die Gesinnung an erster Stelle stehen muss, und Weber nennt Luthers entschiedenes »hier stehe ich, ich kann nicht anders« als Äußerungsform solcher Anlässe. Doch in gewisser Hinsicht führt die Nennung von Luthers berühmtem Ausspruch in die Irre, da es sogar hier nicht um Tugend oder die eigene Seelenrettung im Reich des Politischen geht, sondern um so etwas wie die Vermeidung von politischer Komplizenschaft mit finsteren Mächten oder die Nutzung der Umstände im Bemühen, etwas Neues zu bewirken. In solchen Fällen mag sich das Risiko ungewollter oder unbekannter Folgen lohnen.[55] Aber Weber gibt sich Mühe, dass dies nicht mit einem unvermittelten Durchschlagen des reinen Prinzips und dem Abtun von Verantwortung verwechselt werden darf.

> [E]s [ist] unermeßlich erschütternd […], wenn ein *reifer* Mensch – einerlei ob alt oder jung an Jahren –, der diese Verantwortung für die Folgen [seines Handelns] real und mit voller Seele empfindet und verantwortungsethisch handelt, an irgendeinem Punkte sagt: »ich kann nicht anders, hier stehe ich«.[56]

Was ist der bisherige Stand der Dinge? Gedankenschwere, Sachkundigkeit, Leiderduldung anstelle von Nietzsches Fröhlichkeit und Gelächter beim Durcharbeiten des Nihilismus. Eher etwas aufbauen, als es niederzureißen. Ressentiment, Egoismus, Rache, ja sogar ganz gewöhnliche Gesichtswahrung – alle diese eitlen Reaktionen und Versuchungen – vermeiden. Vor allen Dingen führt die Ethik eines postnihilistischen politischen Akteurs dazu, dass das Selbst, aber nicht andere, einer Vision geopfert wird. Standhaft erteilt sie der nihilistischen Reduktion des politischen Lebens auf individuelle Interessen, Vorteile, Macht oder Sicherheit eine Absage. Durch ihre paradoxe Vorstellung vom Wesen »letzter Werte« im politischen Leben und durch das Eingehen einer Reihe von schwierigen epistemologischen Verpflichtungen zur Wiederherstellung menschlicher Freiheit steht die Verantwortungsethik aber trotzdem auch für einen Pfad durch den Nihilismus hindurch. Diese epistemologische Politik wollen wir uns jetzt näher ansehen.

Seine eigenen Werte für wahr zu halten, ist immer schon Teil der absoluten Ethik, die Weber kritisiert. Umgekehrt begünstigt die Anerkennung der eigenen politischen Werte als aufrichtige Überzeugungen das Pathos der Distanz, das Weber für verantwortungsvolles Handeln anstrebt. In einer ohnehin durch und durch parteilichen Sphäre gründet das Augenmaß – auf das sich wiederum die Verantwortung anstelle der Gesinnung stützt – sich auf diese paradoxe Bejahung der Kontingenz der letzten Werte, für die man kämpft. Es könnte also so scheinen, als würde Weber einen von Nietzsches typischen Schachzügen übernehmen, insofern die Zurückweisung sowohl der körperlosen Vermessenheit der Wissenschaft als auch des Absolutismus der Religion entscheidend für die Wiederherstellung von Objektivität und ihrer Grundlagen ist. Für Nietzsche erlaubt nur der Perspektivismus eine Interpretation über den Interpreten hinaus, nur die Bejahung der Affekte erlaubt reflexives Wissen und nur die Vervielfachung der Perspektiven und Affekte erlaubt eine Annäherung an Objektivität. (»Es giebt *nur* ein perspektivisches Sehen, *nur* ein perspektivisches ›Erkennen‹; und *je mehr* Affekte wir über eine Sache zu Worte kommen lassen, *je mehr* Augen, verschiedne Augen wir uns für dieselbe Sache einzusetzen wissen, um so vollständiger wird unser ›Begriff‹ dieser Sache, unsre ›Objektivität‹ sein.«[57]) Für Weber werden die letzten Werte nur dann vor nihilistischer Entwertung und ihrer sich zerstörerisch auf sie auswirkenden Instrumentalisierung, Banalisierung und übermäßigen Personalisierung bewahrt, wenn man damit rechnet, dass sie kein Fundament besitzen und unvereinbar sind.

Andersherum ausgedrückt, zieht die Verantwortungsethik ein Handeln nach sich, welches sich nicht der vermessenen Vorstellung hingibt, dass die Geschichte und die Menschheit von Natur aus oder notwendig eine ethische oder teleologische Gestalt oder Teleologie besäßen oder sich auf der Basis allein von Absichten, Vernunft oder Religion entfalteten. Diese Ethik ist sowohl die Beschreibung als auch die Bestätigung, dass es sich bei Politik um das Gebiet handelt, auf dem Werte zur Sprache kommen, auf dem um sie gekämpft wird *und* auf dem sie sich durch den Kontext verändern, und eher nicht um einen Ort, an dem Werte unverfälscht verwirklicht werden. Sowohl absolute Ethik als auch Gesinnungsethik lehnen dies ab, weshalb sie beide verantwortungslos sowie politisch irrelevant sind.

Gleichwohl stellt Webers Ethik unglaubliche Ansprüche an die in seinen Augen im Zeitalter der Rationalisierung dahinschwindende menschliche Seele. Obwohl er von uns ein unverwandtes Bewusstsein der Kontingenz unserer Überzeugungen und der enormen Hindernisse verlangt, die ihrer Verwirklichung entgegenstehen, fordert er uns auf, dass wir uns ihnen bedingungslos weihen, denn von einer solchen Hingabe hänge unsere Menschlichkeit und unsere Freiheit ab. Nur in dieser Form kann das Ringen um Werte das vom Nihilismus zunichtegemachte Begehren wiederherstellen *und gleichzeitig* die Dekadenz, die Unverantwortlichkeit und den Präsentismus vermeiden, zu denen nihilistische Zustände verleiten. Damit kein Zweifel aufkommt: Solch eine mit Leidenschaft praktizierte Reflexivität, Verantwortung und Zurückhaltung hat nichts mit Relativismus, Subjektivismus oder dem Erklimmen von »Empathiemauern« zu tun. Vielmehr handelt es sich um ein beispielloses epistemologisch-politisches Bewusstsein, dem zufolge man weiß, dass die eigenen Werte zeitlich, geografisch und geistig situiert und parteilich sind, ihnen aber kraft dieses Bewusstseins gleichwohl nicht weniger verpflichtet ist. Diese postnihilistische Bejahung der Komplexität des politischen Kampfes – von der Kontingenz der eigenen leidenschaftlichen politischen Bindung an die

Gewalt, die der Kampf um sie impliziert und für die man sich verantwortlich zeigen muss, bis zur für den Kampf für die eigene Sache benötigten Geduld und Ausdauer – wird bei Weber durch Bezeichnungen wie »Nüchternheit«, »Reife«, »Heldentum« und »Männlichkeit« zum Ausdruck gebracht.

Das auf die Tragik des Tuns zurückgehende Bewusstsein der ethischen Irrationalität des politischen Lebens, die die Gegenwart beherrschenden Rationalitäten und die epistemologische Unentscheidbarkeit von Werten in einem säkularen Zeitalter werfen auch ein ganz anderes Licht auf die politischen Probleme, Möglichkeiten und Gefahren. Wenn diese nicht mehr an einer von historischen Bedingungen und kontingenten Bindungen abstrahierenden moralischen oder verhaltensbezogenen Logik gemessen werden, können Gelehrte sie ganz anders lesen, und losgelöst sowohl vom moralischen Manichäismus als auch von reiner Machtpolitik ist auch Akteuren eine andere Lesart möglich.[58] Die von Weber beschriebene Ethik soll das politische Leben außerdem vor seiner Eroberung durch Personenkulte und den Geist des *Ressentiments* einerseits und vor Bürokratisierung und Rationalisierung andererseits bewahren. Dies wiederum schafft die Möglichkeit von Zukunftsperspektiven, die nicht in Klagen (über die Vergangenheit oder die Gegenwart) oder einem nihilistischen Gebundensein ans Persönliche und Unmittelbare wurzeln.

Und schließlich soll Webers politischer Erneuerungsansatz die *Freiheit* vor ihrer Zerstörung durch Rationalisierung und vor ihrem nihilistischen Niedergang in

Richtung unverantwortlicher Zügellosigkeit bzw. einer Wappnung gegen das soziale Gefüge retten. Um eine solche Rückgewinnung der Freiheit zu verstehen, müssen wir uns klarmachen, dass Weber in seinem Gesamtwerk zwei ganz unterschiedliche Bedeutungen und Praktiken von Freiheit anführt. Im Rahmen seiner sozialwissenschaftlichen Handlungs- und Rationalitätstypologie definiert Weber Freiheit auf relativ mechanische Weise liberal als Fehlen von Handlungseinschränkungen. Instrumentelle Rationalität ist zum Beispiel freier als andere Rationalitätsformen, weil sie keinen moralischen Einschränkungen unterliegt. An anderen Stellen besteht Weber jedoch darauf, dass Freiheit »der Seele« entspringt, dass sie mit dem Führen eines von uns im Lichte unserer Überzeugungen gewählten Lebens, kurz gesagt, mit Selbstregierung und dadurch Selbstverwirklichung einhergeht. Diese zweite Bedeutung erlaubt es Weber, den Beruf* mit Freiheit in Einklang zu bringen, ihn sogar ins Zentrum der Freiheit zu stellen. Wenn wir unser Leben nach dem ausrichten, was wir bewusst wertschätzen oder wozu wir uns berufen fühlen, führen wir in gewisser Hinsicht ein freies Leben, sogar unter schwierigen oder eingeschränkten Bedingungen.

Der unter anderem durch die an Stärke und an Boden gewinnende mechanische Form von Freiheit (durch das Abschütteln religiöser und traditioneller Autorität und den Aufstieg instrumenteller Rationalität) hervorgerufene Nihilismus droht ihre seelenvolle Form auszulöschen. So lautet Webers Geschichte über Kapitalismus, Industrialisierung und Bürokratie, über Entzauberung und allgegenwärtige Rationalisierung, die insgesamt auf das »stahlharte Gehäuse« zulaufen, in das wir in der Moderne alle eingeschlossen sind.[59] Auch wenn es mit staatlichem Strafvollzug nichts zu tun hat, beschneidet das stahlharte Gehäuse die Freiheit. Seine Unverwechselbarkeit beruht nicht nur auf seiner Hervorbringung durch Rationalitätsformen oder auf seiner universellen Reichweite, sondern darauf, dass es durch die unbeabsichtigten Folgen einer Form von Freiheit geschmiedet wird, die eine andere zerstört. Genauso wie die Rationalisierung der inneren Freiheit durch instrumentelle Berechnungen Fesseln anlegt, verkehren im Endeffekt auch die Wirtschafts- und Verwaltungssysteme, die ursprünglich bloße »Mittel« waren, Freiheit in ihr Gegenteil. Die beiden Formen von Freiheit sind mehr als nur unterschiedlich: Sie heben sich wechselseitig auf. Als uneingeschränkte Macht errichtet Freiheit eine Ordnung, die uns subjektiv und praktisch weitgehend die Freiheit nimmt, uns selbst und die Welt nach den Werten zu gestalten, die wir individuell oder kollektiv wählen oder zumindest bejahen.

Webers kühner Vorschlag in »Politik als Beruf« lautet, einen heroischen Führer mit dem Widerstand gegen die Kräfte zu beauftragen, die innere Freiheit und Wertrationalität zerstören, um so die Politik von der nihilistischen Dynamik zu befreien, die sie zu seiner Zeit heimsuchte und in unserer überrollt. Indem er den Kampf für eine leidenschaftlich vertretene politische Vision ins Zentrum der Berufung zur Politik stellt und das Berufensein zur Politik zur Speerspitze des Widerstands gegen ihre Rationalisierung und nihilistische Herabwürdigung macht, betraut Weber den Politiker nicht allein mit tatkräftiger und verantwortungsvoller Führung. Vielmehr birgt diese Figur die Hoffnung, die Menschheit selbst vor den Kräften zu retten, mit denen sie ihr Vermögen zerstört, im Einklang mit bewusst gewählten Werten Welten zu erschaffen. Außerdem rettet diese Figur die Freiheit vor ihrer Ausradierung durch kapitalistische und administrative Apparate (institutioneller Nihilismus) sowie seelenlose, wenn auch narzisstische Machtspiele (persönlicher Nihilismus). Auch wenn die damalige Politik tatsächlich voll von beidem war und Webers größte Furcht in riesigen, von eitlen und narzisstischen Demagogen in Anschlag gebrachten Herrschaftsapparaten bestand, blieb Politik trotzdem der Ort, an dem beidem entgegengewirkt werden konnte.

Webers Vorlesung über Politik als einer Berufung nimmt praktisch selbst eine Durcharbeitung des Nihilismus vor, indem sie Politik ihren alten Sinn zurückgibt – das Ringen darum, »wer wir sind« und »was wir tun sollen« – und gleichzeitig ausdrücklich die Gegenwärtigkeit dieses Ringens akzeptiert.[60] Nach dem Tod Gottes sucht sie Erlösung in der Politik, und zwar nicht, indem sie diese von diabolischen Mächten reinigt, sondern indem sie dem Wert von Werten im politischen Leben gegen dessen Problematischwerden in der Moderne neue Geltung verschafft. Dadurch macht Weber Politik auch wieder zu dem Ort, an dem die Menschen erneut Verantwortung nicht nur für ihr eigenes Handeln, sondern für die Welt übernehmen können, wenn einerseits von Menschen hervorgebrachte Mächte, die unserer Kontrolle entglitten sind – Kapital, Technologie und organisierte politische Gewalt –, und andererseits die nihilistische Reduktion von Politik auf reine Machtspiele dieses Vermögen gefährden. Weber wendet sich mit Nachdruck gegen beide Phänomene, damit menschliche Zwecke und Verantwortung wieder Zugriff auf die Welt erlangen können. Kann heute irgendetwas wichtiger sein, wo die Mächte, die wir hervorgebracht haben, aber nicht steuern, uns zusammen mit dem gesamten übrigen Leben auf der Erde nicht nur zu beherrschen, sondern ein Ende zu bereiten drohen?

Wo Weber den geringen Aussichten dieses Projekts Aufmerksamkeit schenkte, war das Gegengift gegen Verzweiflung nicht Hoffnung, sondern – emotionaler, geistiger und praktischer – Schneid. Diese charakterliche Anforderung beschränkt sich nicht auf politische Führer, sondern lässt sich auf alle ausweiten, denen etwas am politischen Leben, an Gerechtigkeit und Zukünftigkeit liegt. Die meisten von uns sind »Gelegenheitspolitiker«, wie er sagt, das heißt an Politik interessiert oder bereit, uns an manchen Debatten oder Kampagnen zu beteiligen, und seine letzten Sätze richten sich an diejenigen, die weder »Führer« noch »Held[en] [...] sind«, sich aber trotzdem »mit jener Festigkeit des Herzens [wappnen müssen], die auch dem Scheitern aller Hoffnungen gewachsen ist«. Nur wer »sicher ist, daß er daran nicht zerbricht, wenn die Welt [...] zu dumm oder zu gemein ist für das, was er ihr bieten will, [vermag] all dem gegenüber ›dennoch!‹ zu sagen« und nur er »hat den ›Beruf‹ zur Politik«.[61] »Dennoch« im Sinne von trotz alledem geht nicht über die nihilistische Zwangslage hinweg, sondern setzt sich mit Ernsthaftigkeit, Integrität, Ausdauer und einer verantwortungsvollen Handhabung von Macht beim Verfolgen einer den Lauf der Welt verändernden Sache gegen die Kräfte zur Wehr, die der Welt ihren Inhalt rauben. An diesem Punkt ist kein größerer Abstand zu Nietzsche denkbar.

Linke und liberale Denker:innen finden charismatische Führung tendenziell beunruhigend, wenn nicht gar widerlich. Manche radikalen Demokrat:innen fürchten die unweigerlich hierarchische Gestalt von Führung. Manche liberalen Demokrat:innen fürchten ihre potenzielle Usurpation der Repräsentationsinstanzen. Manche Habermasianer:innen fürchten die Preisgabe der Vernunft als Quelle politischer Handlungsmacht und Mobilisierung. Die Furcht vor den Gefahren eines durch charismatische Führung geschürten Despotismus und die Angst, dass ein Flirten mit dieser Art von Führung ein Machtungleichgewicht verursacht oder legitimiert, wird von vielen geteilt. Folglich verurteilen viele Progressive heute linken Populismus und nicht nur einen Leninismus alter Prägung. Andere treten für führerlose soziale Bewegungen, für Aufstände ohne klare oder gemeinsame Forderungen oder Horizontalismus und Soziokratie ein.[62]

Man kann diese Ängste vor charismatischen Führer:innen ernst nehmen, ohne sich von ihnen beherrschen zu lassen. Weil es anzuspornen und mitzureißen, Begeisterung zu erwecken und zu mobilisieren und vor allem über das übliche Maß hinaus zu führen vermag, ist Charisma unbestreitbar ein potenter Bestandteil des politischen Lebens. Wenn die Linke darauf verzichtet, während die Rechte Vorteile aus ihm zieht, führt das ganz sicher zu einem Debakel, solange man sich an die Art von tugendhaftem politischem Ethos hält, vor dem Weber warnt. Insbesondere gemäßigte Liberale scheinen mitunter bereit zu sein zuzulassen, dass die Welt in Flammen aufgeht, während sie sich an Institutionen, Verfahrensweisen, Vernunft und zivile Umgangsformen klammern. Doch liegt der Fehler dabei nicht bloß im pragmatischen oder strategischen Bereich. In dem Bemühen, das für die Moderne eigentümliche Versprechen auf eine Freiheit aufrechtzuerhalten, die Politik mit Vernunft verbindet, missversteht, wer charismatische Führung ablehnt, beide zugleich. Er stellt sich politische Argumente vor, die frei von rhetorischer Macht sind und sich allein aufgrund ihrer Beweiskraft und logischen Stichhaltigkeit durchsetzen. Er stellt sich die Vernunft als abstrakte und autonome Kategorie vor, die von ihrem kulturellen Ort, von Rationalitätsformen und von deren speziellen diskursiven Bedingungen unabhängig ist. Vor allem aber stellt er sich eine Vernunft vor, die unabhängig vom Begehren, wenn ihm nicht sogar entgegengesetzt ist.

Dies sind folgenreiche Missverständnisse. Unter anderem salben sie die Linke mit Rationalität und teeren ausschließlich die Rechte mit falschem Bewusstsein oder bösen Absichten: Gier, Suprematismus oder Machtstreben würden als gerecht und richtig ausgegeben. Dadurch reproduzieren sie die intellektuelle Geringschätzung, über die sich viele aufregen, die der Rechten zuneigen, und die rechte Politiker ausnutzen. Außerdem bringen sie linke Werte auf eine Linie mit der Wahrheit und stellen doch den Eifer, die Rankünе, den Machtwillen und die historische Kontingenz einer solchen Konstellation in Abrede. Da sie die politische Bühne mit einem akademischen Debattensaal verwechselt, schreckt die Linke zudem davor zurück, ihren eigenen leidenschaftlichen Bindungen eine zwingende Rolle für die Zukunft zu geben und die gegnerischen Leidenschaften als etwas aufzufassen, das man zurechtstutzen, ausnutzen oder aufgreifen kann. Stattdessen beschränken sich die linken Rationalist:innen auf die Anprangerung der Scheinheiligkeiten und Erfindungen der rechten Projekte oder auf die Aufdeckung von deren verwerflichen Finanzierungsströmen oder -netzwerken. Die in dieser Hinsicht immer mit dem Rücken zur Wand stehende Linke ist über ihr eigenes Scheitern und ihre wachsenden Verluste verblüfft, während ihre Gegner heute immer unverhohlener mit Autoritarismus und Faschismus liebäugeln.

Es geht nicht darum, dass die Linke schmutzige Tricks lernen soll. Oder durchdachte und sachkundige Argumente durch Emotionen, Wahrheit durch Lügen oder Wissenschaft durch vorteilhafte Fiktionen ersetzen soll. Oder einem Sorel'schen Irrationalismus und blinden Glauben an Mythen folgen soll. All dies würde den Nihilismus nur verstärken und das Ende der Demokratie beschleunigen. Die Gelegenheit, die binären Gegensätze in Frage zu stellen, die zu den gegenwärtigen Kalamitäten beitragen, würde so verpasst. Es geht vielmehr darum, dass der Gegensatz von Vernunft und Begehren in der politischen Sphäre genauso aufgegeben werden muss wie die vermessene Vorstellung, dass Vernunft in der Politik je über das Begehren siegen oder die Verfeinerung der philosophischen oder wissenschaftlichen Begriffe politische Probleme lösen könne. Vor allem müssen wir alle Spielarten des Gedankens aufgeben, dass lediglich falsches Bewusstsein die Massen davon abhält, ihr wahres Interesse an Gleichheit und Emanzipation zu erkennen und ihm entsprechend zu handeln. Oftmals wollen die Massen keines von beiden; ihr Begehren geht in eine andere Richtung und die Herausforderung besteht darin, sich dieses Begehren zu Nutze zu machen und umzuleiten. Begehren ist nicht unbegrenzt formbar, aber wenn es verstanden wird und Anerkennung genießt, lässt es sich beeinflussen und in eine andere Richtung lenken.

Wir haben die Aufgabe, die Frage des Begehrens bei jeder Gelegenheit ins politische Denken, Handeln und in die politische Überredungskunst einzubeziehen, ob wir die Leugnung des Klimawandels und die Opposition gegen Abtreibung analysieren oder eine Kampagne entwerfen, die verhärtete politische Fronten durchbrechen soll. Wie können wir den Wunsch nach einem angenehmen Leben für die Errichtung einer Ordnung mobilisieren, die für menschliches und nichtmenschliches Leben eher förderlich als gefährlich ist? Wie können wir die Sorge um unschuldiges Leben für den Schutz aller Arten verletzlichen Lebens mobilisieren? Wie können wir die Sehnsucht nach Respekt und Zugehörigkeit für den Widerstand gegen die allgegenwärtigen Mächte mobilisieren, die Unterordnung, Demütigung und Erniedrigung darstellen?

Die Aufmerksamkeit für politisches Begehren rückt uns an einen Kreis von linken Denker:innen heran – unter anderem Sorel, Gramsci, Marcuse und Stuart Hall –, die auf Kultur und Empfindungen setzten, um Ökonomismus, Spontaneität und Vernunft als Quellen der revolutionären Begeisterung der Massen zu ergänzen und zu ersetzen. Diese Art von Denken war Weber natürlich innerlich fremd, insbesondere, aber nicht nur Sorels Ansatz einer Fetischisierung von Gewalt und Aufwertung des Mythos gegenüber dem Logos. Doch vielleicht bedarf es genau Webers eigentümlicher Konzeption von charismatischer Führung, um diese Tradition verantwortungsvoller, überzeugender und für die Gegenwart relevanter zu machen. Allein charismatische politische Führung, insistierte Weber, könne das Reich des Politischen auf produktive Weise wiederverzaubern, insofern sie durch Visionen und Handlungsformen, die das menschliche Gestaltungsvermögen der Welt zur Geltung bringen, Sand ins Getriebe der Herrschaftsapparate streuen. Die auf innere Disziplin und Zurückhaltung gründende und mit unablässiger Verantwortung für Ereignisketten speziell auf der politischen Bühne verbundene charismatische Führung führt uns vor Augen und lebt uns einen Weg vor, wie sich die revolutionäre Begeisterung für eine andere Welt mit den Belangen des Lebens auf dieser Welt verknüpfen lässt. Webers Held handelt keineswegs impulsiv oder instinktiv und schon gar nicht aus Eitelkeit oder im Glauben an die ethische Höherwertigkeit einer Sache. Vielmehr unterbricht er den Status quo durch die genaue Berücksichtigung der diesem Zustand eigenen Mächte und Koordinaten, während er hartnäckig Pfade zu deren Erneuerung verfolgt. Diese Figur hält eine revolutionäre Hoffnung aufrecht, die weder einem Mythos noch einer Utopie gleicht, die Schließungen der Gegenwart aber trotzdem aufbricht.

Zu einer nüchternen, verantwortungsvollen und zweckorientierten Führung im Reich zeitgenössischer Politik gehört für Weber die Würdigung der außerordentlichen Schwierigkeit, sich gegen die herrschenden Rationalitäts- und Rationalisierungsformen zur Wehr zu setzen oder gar sie zu überwinden, um Alternativen herbeizuführen; die Anerkennung von Gewalt als letztem Mittel und von Macht als der einzigen Währung, die in diesem Reich gilt; das Bewusstsein der Kontingenz der eigenen Sache sowie der Distanz zwischen Absichten und Folgen; und die Verpflichtung, in den Menschen eine Sehnsucht nach etwas zu wecken, an das sie glauben und auf das sie hoffen. Dies sind auch unverzichtbare Bestandteile linker Politik und für die Abwendung von Fatalismus und den Widerstand gegen Nihilismus ist ihre Kombination besonders wichtig. Wir haben uns zwar auf ihre Verkörperung durch politische Führung konzentriert, aber solch eine Verkörperung kann auch eine Form von politischer Erziehung bzw. Bildung sein. Leidenschaftliche *und* verantwortungsvolle, visionäre *und* vorsichtige, inspirierende *und* nüchterne Führer bieten Lehrmaterial sowohl für soziale Bewegungen als auch für Bürgerschaften.

Trotzdem darf politische Bildung und ihre komplexe Verflechtung mit dem Begehren nicht dem Reich des Politischen allein überlassen bleiben. Wenn Weber recht hat, dass politische Weltanschauungen, »Werte«, aus komplexen Bindungen und Wünschen hervorgehen, und wenn der Nihilismus eine Krise des Begehrens, eine Sackgasse für das Lieben dieses Lebens und dieser Welt darstellt, dann wird die Ausbildung von Gefühlen und Bindungen zum Grundbaustein einer postnihilistischen Zukunft. Ganz wichtig wird solch eine Bildung, wenn wir die vermessene Vorstellung aufgeben, dass unsere Werte wahr und die unserer Gegenspieler falsch sind, dass politische Werte vorgefunden und nicht gesetzt werden und dass entweder Vernunft oder Interessen einer Verführung durch Autoritarismus oder Täuschungsmanöver, durch unhaltbare Behauptungen über die Vorherrschaft einer Spezies, einer Rasse oder eines Geschlechts oder durch nihilistische (das heißt in keiner Hinsicht dem Leben dienende) Lesarten der Freiheit auf natürliche Weise entgegenwirken werden. Webers Position, die Liberalen und Marxisten gleichermaßen eine Abfuhr erteilt, erinnert uns, dass rationale Argumente und zwingende Beweise als solche nichts gegen populäre Ängste und Frustrationen, Bindungen und Sehnsüchte ausrichten können. Die Aufgabe derer, die sich für eine gerechtere und nachhaltigere Ordnung einsetzen, besteht eher darin, den *Wunsch* nach einer solchen Ordnung zu entfachen und zur Entfaltung zu bringen und diesen Wunsch in eine Weltanschauung und in ein umsetzbares politisches Projekt einzubetten.[63]

Wir haben also mit dem Problem des Nihilismus und des politischen Handelns begonnen und hören mit dem Problem von Bildung und Erziehung auf, was zu Webers anderer Vorlesung über »Wissenschaft als Beruf« überleitet. Wie im nächsten Kapitel deutlich werden wird, ist eine intellektuell ernstzunehmende Analyse von Werten und ihren Implikationen als einer der Aufgaben, die er Sozialwissenschaftler:innen zuweist, für Weber eine unbedingt erforderliche Vorbeugung gegen die nihilistische Herabwürdigung von Wissen zu rein instrumentellen und machtorientierten Zwecken. Sicherlich geht Weber dieses Projekt auf merkwürdige und nicht befriedigende Weise an – nachdem er Werte mit Konstellationen leidenschaftlicher Bindungen gleichgesetzt hat, beharrt er darauf, sie dem prüfenden Blick der kühlen Vernunft auszusetzen. Trotzdem stellt sein Denken einen produktiven neuen Rahmen für das heutige Ringen mit dem Problem von Werten in Hörsälen, Lehrplänen und in der Pädagogik bereit. Es ist außerdem hilfreich für weiter reichende Überlegungen in Bezug auf die missliche Lage der höheren Bildung. Wenn der Nihilismus alle Werte entwertet, auch den Wert von Wahrheit, Faktizität, Geschichte und Theorie, dann konvergieren seine Auswirkungen mit und werden ausgenutzt von der neoliberalen Schmähung aller Denk- bzw. Wissensformen, die für die Vergrößerung des Kapitals nicht maßgeblich sind. Zu solchen Weiterungen tragen auch die Macht unverantwortlicher Medien und die rechten Angriffe auf Intellektualität bei. Zusammen untergraben alle diese Kräfte die Qualität, die Zugänglichkeit und eben auch den Wert der Art von Bildung, die über den Erwerb von Fachwissen hinausgeht. Ein Ergebnis sind die manipulierbaren undemokratischen Bevölkerungsgruppen, die eine Krise der Demokratie als solcher herbeigeführt haben.

Weber reagierte auf die politischen Krisen im Europa seiner Zeit, indem er von substanzieller Demokratie Abstand nahm und (leichte) Hoffnung in verantwortungsvolle charismatische Führung setzte, in deren Rahmen Verantwortung eine Politik »mit dem Kopfe« verkörpert und Charisma für das schwer beschreibbare Vermögen steht, die Seele und die Leidenschaften zu ergreifen. Der unüberbrückbare Graben, den er zwischen dem akademischen und dem politischen Reich sowie zwischen Wahrheit und Macht errichtete und überwachte, erhöhte allerdings die Aussichten auf etwas anderes, dass nämlich verantwortungslose Demagogen die Ängste, das Leid und das verletzte Überlegenheitsgefühl des Volkes schamlos ausnutzten und einen Sündenbock dafür suchten, sich selbst aber ungehindert über Fakten, Gesetze, Verfassungen, Institutionen, Menschlichkeit oder Ökosysteme hinwegsetzten. Webers Beschränkung des Hochschulwesens auf wissenschaftliche Vernunft und der Politik auf verantwortungsbewusste Leidenschaften trat für eine Trennung dieser Bereiche ein, um sie voreinander zu schützen. Wie wir sehen werden, verringerten diese Maßnahmen die Aussichten auf demokratische Bildung, einschließlich der Ausbildung eines Begehrens, das hätte verhindern können, was er am meisten fürchtete: von verantwortungslosen, für riesige Staats- und Wirtschaftsapparate zuständigen Demagogen mobilisierte, erregte Massen, die oftmals lauthals nach Krieg riefen.[64] Gleichzeitig schränkten Webers trennende Korridore die akademischen Beiträge zum Projekt einer Instandsetzung des politischen, ökonomischen und sozialen Lebens stark ein.[65] In seiner Vorlesung über »Wissenschaft als Beruf«, der wir uns jetzt zuwenden werden, kämpfte Weber so erbittert für die Bewahrung der Wissensproduktion und -verbreitung vor nihilistischer Politisierung, dass er ihren potenziellen Beitrag zur Veränderung der Welt oder auch nur zum Aufhalten der Finsternis radikal abschwächte.

II

Wissenschaft

Denn für die Lehre [im Hörsaal] ist die Bejahung [des Werts der Wissenschaft] *Voraussetzung*.

Max Weber

[Wissenschaft] ist sinnlos, weil sie auf die allein für uns wichtige Frage: ›Was sollen wir tun? Wie sollen wir leben?‹ keine Antwort gibt.

Max Weber, Tolstoi zitierend

Webers von wütenden Kämpfen der Götter und Dämonen strotzende und für das Denken eines Begründers der wissenschaftlichen Erforschung von Gesellschaft und Politik ganz unpassende ontologische Politik entspringt der Frustration eines Bewusstseins, das weiß, dass seine tiefsten Werte der Religion geschuldet sind, seine beruflichen Verpflichtungen aber dem Feind gelten.

Sheldon S. Wolin

Nihilismus im Hochschulwesen

Im vorigen Kapitel haben wir Webers Versuch erkundet, den Auswirkungen des Nihilismus in der und auf die Politik ein politisches Handeln entgegenzusetzen, das vom verantwortungsvollen und selbstlosen Verfolgen eines öffentlichen Anliegens beseelt ist. Jetzt wollen wir uns Webers Bemühungen in »Wissenschaft als Beruf« zuwenden, gegen die Auswirkungen des Nihilismus auf Wissenschaft und Hochschulwesen Widerstand zu leisten. Dieses Vorhaben baut auf eine vollumfängliche Entpolitisierung und Säkularisierung der Wissenschaft und scheitert letztendlich in beiden Hinsichten, weil ein solcher Purismus nicht möglich ist und weil es sich zwar einiger Auswirkungen des Nihilismus erwehrt, andere aber verstärkt. Doch sowohl Versuch als auch Scheitern sind für das heutige Nachdenken über postnihilistische Wissenspolitik fruchtbar, und auf diese Weise werden wir an Webers Vorlesung herangehen.

»Wissenschaft als Beruf« zieht bekanntlich eine scharfe Trennungslinie zwischen Tatsachen und Werten und rügt sowohl diejenigen, die sie vermengen, als auch diejenigen, die offen auf Werte zurückgreifen, insbesondere, aber nicht nur in Gestalt von politischen Positionen oder Programmen in akademischen Zusammenhängen. Trotzdem liegt es Weber fern, Werte aus wissenschaftlichen Betrachtungen zu verbannen. Er plädiert dafür, sie als ethische und politische Konstellationen zu analysieren, die fürs Handeln, für Macht und Gewalt nicht ohne Folgen bleiben. Diese Angelegenheit ist so wichtig, dass Weber sich in dem Abschnitt der Vorlesung, der sich mit pädagogischer Ethik befasst, nicht der Frage zuwendet, wie Tatsachen unterrichtet werden sollen (was angesichts seines Bekenntnisses zur Hermeneutik eine Herausforderung für sich ist), sondern wie Werte im Hörsaal zu handhaben sind. Wenn das, was er »letzte Werte« nennt, persönliche, den individuellen Leben Kontur verleihende Überzeugungen so weit überschreitet, dass daraus politische Anliegen werden, die mit den für dieses Gebiet typischen »diabolischen Mächten« verzahnt sind, dann müssen Werte den moralischen oder theologischen Festungen entrissen werden, in die sie oftmals eingeschlossen sind, damit ihre Voraussetzungen, ihre »innere [...] Struktur« und ihre Folgeerscheinungen einer strengen Analyse unterzogen werden können.[1]

Ein solcher Ansatz unterscheidet sich radikal vom Auftrag heutiger Lehrkräfte, »Ausgewogenheit« zwischen gegnerischen politischen Ansichten herzustellen, sie, was ihre Attraktivität anbelangt, in einen »Wettbewerb« eintreten zu lassen oder ein politisches Wertesystem als moralisch oder richtig zu krönen, andere aber dagegen als schlecht oder falsch zu brandmarken. Solche Herangehensweisen überprüfen die Werte nicht, sondern geben sie implizit als etwas wieder, das entweder deshalb über den geistigen Horizont des Hörsaals hinausgeht, weil es heilig und deshalb unantastbar ist, weil es sich um bloße Meinungen und von daher um nichts Wichtiges handelt oder weil Werte subjektiv und deshalb unwissenschaftlich sind. So werden Werte zu Gegenständen der Ehrerbietung oder des Spotts, aber nicht einer unbestechlichen Analyse.

Weber behandelt Werte dagegen als etwas, das aus Weltanschauungen* ohne rationale Wurzeln oder letzte Begründungen hervorgeht, aber deshalb nicht minder analysierbar ist. In einem wissenschaftlichen Zeitalter, das für Werte eine Bedrohung darstellt und gleichzeitig in Bezug auf ihren Stellenwert Verwirrung stiftet, sei es zudem überaus wichtig, dass Gelehrte sich mit Werten befassen. Das Paradox vom »irrationalen« Ursprung, Inhalt und Ausspielen von Werten und der Verpflichtung zu ihrer rationalen Analyse hat entscheidenden Anteil daran, warum Webers Perspektive heute so hilfreich ist. Weber beschwört die Wissenschaftler:innen, insbesondere, aber nicht nur in ihrer Eigenschaft als Lehrende, sich dem zeitgenössischen Wertekomplex »wissenschaftlich« zu nähern, obwohl der Ursprung der Werte und ihr eigentlicher Kampfplatz im nichtwissenschaftlichen Bereich liegt – Gefühl oder Bindung im ersten Fall, Politik im zweiten. Weber setzt darauf, dass die akademische Verpflichtung zur kühlen und unparteilichen Dekonstruktion von Werten Schauplatz einer nüchternen Vermittlung zwischen diesen beiden Bereichen, das heißt zwischen dem Subjektiven und dem Politischen, sein kann, dies aber nur, wenn weder Subjektivität noch Politik an der Hochschule zulässig sind. Denn die Bühne der Wissenschaft und des Hörsaals, die Weber theoretisch ergründen, beschreiben und schützen möchte, bildet dieselbe Art von Paradox.

Weber besteht darauf, dass Philosoph:innen, Theolog:innen oder Sozialwissenschaftler:innen Wertekonflikte nicht lösen können und sollten. Die Aufgabe eines Wissenschaftlers oder einer Wissenschaftlerin und die ethische Anforderung an einen Pädagogen oder eine Pädagogin besteht darin, Werte als Analyse- und Kritikgegenstände zu behandeln – das heißt, sie anhand von historischen und vergleichenden Analysen oder durch die Betrachtung ihrer Logik und Folgeerscheinungen, aber nicht als Wahrheitsfragen zu untersuchen. Als Lehrende können wir das, was mit Werten auf dem Spiel steht, ihre Implikationen und ihre möglichen Entwicklungsverläufe in der Praxis beleuchten; wir können dazu beitragen, dass Studierende sich die Bedeutung und die Weiterungen der Positionen klarmachen, die sie vertreten. Aber wir können nicht klären, welche Werte richtig sind. Nichtsdestotrotz könnte die Gewährleistung eines Orts, an dem das Aufeinanderprallen von Werten sachlich und umsichtig analysiert wird, ihr Aufeinanderprallen – in einem säkularen und zunehmend nihilistischen Zeitalter der Vermehrung und Wurzellosigkeit von Werten – sowohl substanzieller als auch weniger scharf machen. Eine solche wissenschaftliche und pädagogische Arbeit hat gleichzeitig das Potenzial zur indirekten Bereicherung des öffentlichen Raums wie zum Aufpolieren der Integrität und der Reputation des akademischen Betriebs. In einer Zeit, in der beide Bereiche gefährdet und in Misskredit geraten sind, wäre das keine geringe Leistung.

Zu Beginn der Betrachtung von Webers Schilderung des Berufenseins zum Wissenschaftler oder zur Wissenschaftlerin ist es wichtig, daran zu denken, dass sich das in der Regel als »science« ins Englische übersetzte deutsche Wort Wissenschaft* auf die gesamte systematische akademische Forschung bezieht, nicht nur auf die Naturwissenschaften oder die physikalischen Wissenschaften.[2] Als Kern des Humboldt'schen Bildungsideals implizierte Wissenschaft* zu Webers Zeiten ein Streben nach Wissen, das innerlich unvoreingenommen *und* unabhängig von äußeren, vor allem kirchlichen und staatlichen Einflüssen war. Wissenschaft sei nur dann wahrheitsfähig, nahm man an, wenn diese Art von Neutralität und Autonomie die Oberhand behielte. Darin besteht das komplexe Sinnknäuel, das jedes Mal im Spiel ist, wenn wir in Webers Vorlesung auf den Ausdruck »Wissenschaft« stoßen. Umgehend hinzugefügt sei jedoch, dass Weber zwar an das (verblassende) Humboldt'sche Bekenntnis zu geistiger, die Welt der Tatsachen aufdeckender Freiheit anknüpfte, den höheren moralischen und nationalen Zweck, den Humboldt wissenschaftlichen Unternehmungen und den Universitäten zuschrieb, aber ablehnte.[3] Weber bestimmt beider Wert maßgeblich getrennt von solchen Zwecken und den Wert von Wissenschaft* fasst er enger.

Wie bei seiner Vorlesung über Politik eröffnet Weber »Wissenschaft als Beruf« mit einer Erörterung der gegenwärtigen Bedingungen des Berufenseins, zu dessen Betrachtung er eingeladen worden war. Sein Hauptaugenmerk gilt dem damaligen akademischen Leben in Deutschland, dessen Zustand er in düsteren Farben malt. Wir haben es mit einer feudalen Organisations- und Vergütungsstruktur zu tun, die sowohl zu niedrigen Unterrichtsstandards als auch dazu führt, dass hervorragende Wissenschaft nicht honoriert wird. Ein Großteil der akademischen Arbeitsverhältnisse ist prekär. Die beständig wachsende wissenschaftliche Spezialisierung führt zu Einschränkungen und es lässt sich nicht verhindern, dass der wissenschaftliche Fortschritt jede Leistung wieder in den Schatten stellt. Doch vor allen Dingen entzaubert die Wissenschaft selbst die Welt. Ihr Versprechen, dass wir im Prinzip die Funktionsweise von allem verstehen können, lässt ihre Gegenstände geistig ausbluten, sie entkleidet das, was sie untersucht, nicht nur seines Geheimnisses, sondern seines intrinsischen Werts oder Sinns. Auf ihre Weise ist sie genauso gewalttätig wie die Politik, genauso entweihend wie die kapitalistische Kommodifizierung und sie macht die Werte genauso inhaltsleer wie die instrumentelle Vernunft. Auf ihre Weise tut Wissenschaft nicht den Völkern, Nationen, Berufungen und Verhältnissen Gewalt an, entweiht sie oder raubt ihnen ihren Inhalt, sondern dem Sinn und dem Wert selbst. Sie rationalisiert, was immer sie anfasst, wirft Wunder, Ehrfurcht und Glauben über den Haufen und ersetzt sie durch Sezierung, Preise oder Funktionen. Sie scheidet den Fortschritt von seinen jahrtausendealten Verbesserungs-, Emanzipations- oder Glücksversprechungen und reduziert ihn auf eine Akkumulation von Wissen und Technik. Sie hinterlässt die Welt machterfüllter und sinnentleerter, als sie sie vorgefunden hat.

Mit einem solchen Zustand sind wir nach Webers Einschätzung infolge der Entthronung religiöser Autorität und der Rätsel der Natur durch die Wissenschaft konfrontiert. Die Wissenschaft bringt zwar religiöse und theologische Auffassungen von Ordnung und Sinn ins Wanken, kann aber nicht ersetzen, was sie zerstört. Die mehr als törichte Neigung, dies zu tun, ist ihrerseits eine gefährliche Auswirkung des Nihilismus: Die sich in einer radikal entweihten Welt öffnenden Leerstellen wecken laut Weber überall ein Bedürfnis nach Propheten und Demagogen sowie nach auf- und anregenden Ideen. Auftritte im Bereich der Wissenschaft, die in die Kirche und in die politische Sphäre gehören, werden zu Bestandteilen der zerstörerischen Kraft des Nihilismus, durch die »die letzten und sublimsten Werte zurückgetreten sind aus der Öffentlichkeit«, wie Weber die Angelegenheit formuliert, und die Theologie mit ihrer unausweichlichen »Voraussetzung: die Welt müsse einen *Sinn* haben«, ist erledigt.[4] Diese nihilistische Kraft und die Bedürfnisse, die sich aus ihr ergeben, sind ein maßgeblicher Teil dessen, womit Weber in dieser Vorlesung ringt.

Doch Weber beschäftigen nicht nur diese welthistorischen Kräfte, sondern auch die Einstellungen ihnen gegenüber und die Irrtümer über sie. In »Wissenschaft als Beruf« und in seinen früheren Aufsätzen über Methodik, auf die sich ein Großteil der Argumentation der Vorlesung stützt, befindet Weber sich im Krieg. Er befindet sich im Krieg mit Marx und Nietzsche um die Seele der Sozialwissenschaften und kämpft gegen das, was er bei Marx für normenschwere falsche Wissenschaft und bei Nietzsche für Wissenschaftsfeindlichkeit hält. Er befindet sich im Krieg mit den Romantikern, die das Irrationale fetischisieren oder aus dem Alltagsleben bzw. aus »Authentizität« eine neue Religion machen. Er befindet sich im Krieg mit seinen Kollegen an der Hochschule, die von ihren Kathedern deutschen Nationalismus propagieren, mit Kollegen, die Wertpositivisten, und mit Kollegen, die Gewerkschafter sind. (Die Nationalisten machten die Universität »zu einem Priesterseminar [...] – nur ohne ihr dessen religiöse Würde geben zu können«. Den Positivisten unterliefe ein Kategorienfehler, insofern sie sich Kants Maxime, alles einer kritischen Überprüfung zu unterziehen, verweigerten, die interpretative Dimension des Verstehens von Handlungen und Werten unterschlügen und die Koordinaten und Normen der Gegenwart verdinglichten. Und die Gewerkschafter träten die Objektivität mit Füßen und nutzten die Macht des Hochschulkatheders in der offenkundig nicht egalitären Hörsaal-Situation.[5]) Weber befindet sich im Krieg mit denen, die glauben, dass Wahrheit im Ausbalancieren oder Erzielen von Kompromissen zwischen widerstreitenden Sichtweisen liege, was eine für Politik, aber nicht für Wissenschaft angemessene Technik sei – wenn sie in der Wissenschaft Einzug halte, relativiere sie die Faktizität und bagatellisiere sie ultimative Weltanschauungen, und solche Relativierungen und Bagatellisierungen seien Ausdruck von Nihilismus.[6] Er befindet sich im Krieg mit denen, die unterschiedliche Sichtweisen einem Konkurrenzkampf unterwerfen möchten, was eine für Märkte, aber nicht für Wissenschaft angemessene Technik sei – wenn sie in der Wissenschaft Einzug halte, sei dies ein Zeichen, dass Marktwerte in die Universität eindrängen.[7] Er befindet sich im Krieg mit denen, die vorgeben, »›die Tatsachen [für sich] sprechen [zu lassen]‹«, obwohl Tatsachen überhaupt nicht sprächen und dies wahrscheinlich bedeute, dass sowohl Deutungsfragen als auch »unbequeme Tatsachen« strategisch ignoriert werden würden, was Schachzüge, die ebenfalls für politische Debatten angemessene rhetorische Tricks seien, in den Hörsaal hineintrage.[8] Er befindet sich im Krieg mit denen, die glauben, sie hätten dadurch Wertfreiheit erreicht, dass sie ihren historischen oder soziologischen Darstellungen mit Hilfe von Realpolitik*, darwinistischer Adaptation oder Metaerzählungen vom Fortschritt Struktur verleihen – all dies seien unbegründete, wissenschaftlicher Objektivität nicht angemessene theologische Restbestände.[9] Er befindet sich im Krieg mit Ökonomen, die glauben, ihre Wissenschaft weise die normative Überlegenheit des Kapitalismus nach, obwohl sie zu nichts weiter in der Lage sei als zu einer Beschreibung von dessen Mechanismen und Dynamiken.[10]

Er befindet sich im Krieg mit den Philosophen und Gesellschaftstheoretikern, die glauben, sie könnten die Gültigkeit von Normen feststellen, ja sogar beglaubigen, anstelle bloß ihre Prädikate, Logik und Implikationen zu analysieren. Und er befindet sich im Krieg mit denen, die an die transzendentale Vernunft glauben und weder die Unvermeidbarkeit von Hermeneutik noch abweichende Rationalitätsformen zugestehen, die immer Raum für Irrationalität ließen.

Weber befindet sich im Krieg, aber seine Gegner sind keine überzeitlichen strammen Apologeten. Vielmehr versteht er einen Großteil dessen, was er bekämpft, als Auswirkungen der politischen, epistemologischen und existenziellen Bedingungen seiner Zeit. In moralischer und politischer Hinsicht hält er sein Zeitalter für eine Zeit der gleichzeitigen Auszehrung, Vermehrung und Verflachung von Werten, in der Werturteile oftmals auf Geschmacksfragen reduziert werden, die mangels wirklicher Propheten falsche aufbietet, anstelle von Integrität und Aufrichtigkeit Persönlichkeiten verehrt und Freiheit zu Zügellosigkeit innerhalb beispielloser Herrschaftsordnungen ausruft. In einem Zeitalter, das nach seiner berühmten Beschreibung durch »Genussmenschen ohne Herz« und »Fachmenschen ohne Geist« gekennzeichnet war, sind weder Gefühl noch Verstand vor Rationalisierung gefeit, die uns gleichzeitig zu Rädchen in den Wirtschaftsapparaten und zu oberflächlichen Individualist:innen macht.[11] Wahrheit hat sich von Sinn und Werten abgekoppelt und ist nur noch in Tatsachen anzutreffen. Tatsachen wiederum gibt es unendlich viele und sie unterliegen immer der Interpretation, was eine ebenso ernüchternde wie entmutigende Gegebenheit ist, die, wenn man sie nicht akzeptiert, im wissenschaftlichen Betrieb Reaktionen in Form von Polemiken, Positivismus, Sektierertum und Millenarismus zeitigt. Der Fortschritt verspricht nicht länger wachsendes Glück, Frieden oder Wahrheit, sondern beschränkt sich auf wissenschaftliche und technische Errungenschaften, die paradoxerweise Bedingungen für mehr Herrschaft und nicht für mehr Freiheit schaffen. Da die sich auf diese Errungenschaften stützenden organisatorischen, technischen, ökonomischen und politischen Apparate der menschlichen Kontrolle entzogen sind, werden sie zu auf der ganzen Welt Wellen schlagenden, sich Macht anmaßenden Kräften.

Auch der Wegfall von Grenzen ist ein Schlüsselsymptom der Zeit. Nichts bleibt an seinem Platz, denn weil ein moralischer Leitstern und die von der Tradition gewährleisteten Organisationsprinzipien fehlen, verlieren Plätze als solche sowohl ihre gewohnten Koordinaten als auch ihren Wert. Auf wissenschaftlichem Terrain schwächt die unaufhörliche Vermengung der von Weber wiederholt als »absolut heterogen« bezeichneten Praktiken – in allererster Linie Tatsachenanalysen und Werturteile über sie – jede einzelne von ihnen, wodurch sich die zynische Geringschätzung von Tatsachen, Wahrheit, Zurechenbarkeit, Verantwortung *und* Werten verstärkt. So zieht der Nihilismus immer weitere Kreise, indem er die Grenzen zwischen Predigen und Lehren, Unterhaltung und Information, Persönlichkeit und Politik mürbe macht. Tiefgründigkeit, Nüchternheit, historisches Bewusstsein sowie Seel- und Weltsorge weichen Oberflächlichkeit, Instrumentalität, Erregbarkeit, persönlicher Zufriedenheit, Präsentismus.

Weber reagiert auf diese Krise und die schwindelerregenden Mischformen, denen sie Vorschub leistet, mit seiner berühmt-berüchtigten Bestimmung von Gegensatzpaaren und einer epistemologischen und ontologischen Hygiene, die diese Gegensatzpaare voneinander isolieren und abschirmen soll. Die bekanntesten binären Gegensätze, die er geltend macht, sind Politik und Wissenschaft, Hörsaal und öffentlicher Raum, Tatsache und Wert, empirische und theoretische Behauptungen, positive Beschreibungen und normative Urteile.[12] Weber legt Wert darauf, dass es beim Ziehen und Durchsetzen dieser Trennungslinien nicht allein um Methodik, sondern um die Welt geht. Wenn der relative Organizismus früherer Epochen im Zeitalter des Kapitalismus, der Bürokratie und des Säkularismus einer Fragmentierung und Spezialisierung gewichen ist, heißt das, dass die einst durch Hierarchie und Autorität gewährleistete Ordnung durch ein in Wertekomplexe aufgespaltenes und von »leblose[n] Maschinen« beherrschtes Leben ersetzt worden ist. Wo sowohl Organizismus als auch Autorität schwinden, bleibt nur noch eine straff geführte Organisation, um Ordnung zu gewährleisten. Ungeachtet seiner Empfindlichkeit gegenüber dem, was er das »Chaos unendlich differenzierter und höchst widerspruchsvoller Gedanken- und Gefühlszusammenhänge« in jedem Zeitalter oder ideellem System nennt, und ungeachtet seiner Warnung an die Wissenschaftler, Begriffe und Typologien nicht mit der Wirklichkeit zu verwechseln, stützt Webers Weg durch den Nihilismus im Geistesleben sich auf scharfe epistemologisch-ontologische Unterscheidungen. Und diese Unterscheidungen werden nicht aus begrifflicher Ordnungsliebe, sondern zu Überwachungszwecken ins Feld geführt.[13]

Warum? Warum werden diese »absolut heterogenen« Sphären von Unternehmungen und Praktiken – Wissenschaft / Politik, Tatsachen / Werte, Wahrheit / Urteil – nicht als bloße Äußerungsformen modaler Differenzen, sondern als Gegensatzpaare konzipiert, die einander zerstören, wenn sie sich berühren oder vermengen? Webers Unerbittlichkeit an dieser Stelle zielt darauf ab, die Auswirkungen des Nihilismus – die von der Zerstörung der (auf empirisches Wissen reduzierten, aber trotzdem nicht ungefährdeten) Wahrheit, über die endgültige Zerstörung des (auf »letzte Werte« reduzierten, aber trotzdem nicht ungefährdeten) Sinns bis zur Zerstörung der (auf eine Sache oder ein Anliegen, das der Wissenschaftler auf den Weg bringt, reduzierten) wissenschaftlichen Größe reichen – in der Hochschule unter Quarantäne zu stellen. Nur durch die Abschirmung sicherer Tatsachen von unentscheidbaren Werten kann der sowohl Tatsachen als auch Werte angreifende und schwächende nihilistische Zustand abgewehrt werden. Wenn die Studierenden in einer in moralischer Hinsicht chaotischen Welt nach Sinn und letzten Werten lechzen, kann die Welt im Hörsaal »mit den Mitteln des Verstandes« nur durch die Abschirmung der Lehre vom Charisma erschlossen werden.[14] Und paradoxerweise kann die Ordnung, die Kirche, Politik und Hochschulwesen vormals durch ihre Verquickung gewährleistet haben, nach ihrer Fragmentierung nur durch das Ausheben unüberbrückbarer Gräben zwischen ihnen gefestigt werden.

Webers Regelwerk sprengt also nicht einfach die Fesseln eines weniger wissenschaftlichen Zeitalters, sondern geht die für die Welt zerstörerischen, Grenzen einreißenden Entsublimierungen des Nihilismus mit einem Hygiene-Programm an. Es soll es mit Kämpfern um Werte und Politikern jeder Couleur aufnehmen, die sich für ihre Sache die Fakten bis zu ihrer Leugnung zurechtbiegen. Es fordert Journalisten und Lehrkräfte heraus, die Objektivität vorgeben, obwohl ihre Formulierung, Auswahl und Einordnung der Tatsachen eindeutig parteilich ist. Es stellt die vermessene Vorstellung in Frage, dass Wertfreiheit sich durch ein Ausbalancieren oder eine Synthese von Ansichten – durch Wettbewerb oder durch das Finden eines Mittelwegs – erreichen ließe.[15] Es versucht, die Wahrheit zu erhalten, indem es sie auf Tatsachen beschränkt, und Werte dadurch zu erhalten, dass sie der Politik zugeordnet werden, wo ihre Unentscheidbarkeit und Umstrittenheit ständig und eindringlich sichtbar werden. Und es fordert Lehrkräfte, nicht nur Wissenschaftler, auf, ihre persönlichen Leidenschaften und Persönlichkeiten nicht offen zur Schau zu stellen, während sie ihrer Arbeit nachgehen.

Da Weber gemeinhin so verstanden wird, dass er ein kodifiziertes Regelwerk für eine wertneutrale Sozialwissenschaft in einem säkularen Zeitalter aufstellt, lohnt es sich, die spezifische Wissenskrise näher zu untersuchen, auf deren Behebung seine bereinigten Kategorien abzielen. Was in den letzten Jahrzehnten »in den Kreisen der Gelehrtenwelt unserer [sozialwissenschaftlichen] Disziplinen« verschwunden sei, schreibt Weber in dem Aufsatz »Der Sinn der ›Wertfreiheit‹ der soziologischen und ökonomischen Wissenschaften« von 1917, ist der »weit verbreitet[e Glaube]: daß auf dem Gebiet der praktisch-politischen Wertungen letztlich eine der möglichen Stellungnahmen die *ethisch* allein richtige sein müsse.«[16] An seiner statt, fährt er fort, habe »ein bunter Strauß von ›Kulturwertungen‹« *und* sie vorbringenden »Persönlichkeit[en], die alte, »(relativ) unpersönlich[e]«, da überpersönliche »ethische Forderung« ersetzt.[17] Zusätzlich zur Vermehrung der Werte erhebt die Entthronung der Wahrheit in Moral und Politik Individuum und Persönlichkeit in den Rang von Wertträgern. Unter anderem dies löst in allen Bereichen – Kirche, Staat und Hörsaal – ein weit verbreitetes Bedürfnis nach Demagogen aus.[18] In Webers Augen ist die Verschmelzung von Werteverkündung und Persönlichkeit auf dem Gebiet der Wissenschaft besonders gefährlich: Wenn die Faktizität gemeinsam mit der ethischen Monokultur ins Taumeln gerät, dringen der politische Parteigänger und der Prediger im Gewand des Professors in den Hörsaal ein. Dieselben historischen Bedingungen, die makellose wissenschaftliche Integrität – Berücksichtigung der Tatsachen und eine Herangehensweise an Werte, die diese lediglich als Analysegegenstände betrachtet – erforderlich machen, untergraben sie auch, weil sie dem Siegeszug der Persönlichkeit Vorschub leisten. Nach einem solchen Persönlichkeitskult sehnen sich die Studierenden, gibt Weber zu verstehen, und unethische Lehrende befriedigen diesen Wunsch.[19] Heutzutage wird dies noch verstärkt durch die Endlosschleife zwischen einer allgegenwärtigen Celebrity-Kultur, die bis ins akademische Leben hineinreicht, dem Vertrauen in die studentische Bewertung von Pädagogik und der wachsenden Abhängigkeit der vermarktlichten Universitäten von der Zufriedenheit der Studierenden. Die stillen Versorger:innen mit methodisch gesichertem Wissen, für die Weber sich ausspricht, können solche Tendenzen und Praktiken nicht einfach abtun oder aussitzen.

Weber pocht darauf, dass im Hörsaal Studierende ausgebildet, nicht geprägt, dass hier geistige Fähigkeiten entwickelt und ihnen keine Weltanschauungen eingeimpft werden sollen.[20] Das heißt, dass ihnen die Wichtigkeit von »unbequeme[n] Tatsachen« vermittelt wird (zu denen auch Tatsachen gehören, welche die Weltanschauungen oder Narrative erschüttern, an die wir uns halten), dass Tatsachen von Bewertungen und Urteilen über sie unterschieden und die Studierenden dahingehend diszipliniert werden, dass sie während ihres Studiums »das Bedürfnis […] unterdrücken: [ihre] persönlichen Geschmacks- und sonstigen Empfindungen ungebeten zur Schau zu stellen«. Sie müssen lernen, dass geistige Größe auf Ausbildung, Disziplin, Fleiß, Spezialisierung, Hingabe und Zurückhaltung in Sachen Ich-Besetzung beruht – alle bekannten protestantischen Tugenden finden sich im Berufensein zum Wissenschaftler gebündelt.[21] Weber hoffte, diese Tugenden würden den Willen zur Macht, der im Geistesleben nichts zu suchen hat, nicht nur zügeln, sondern ersticken, auch wenn diese Lebenskraft irgendwohin ausweichen muss, wie Nietzsche und Freud wussten, und wir werden weiter unten sehen, wo sie wieder auftaucht.[22] Weber weiß auch, dass solche Anforderungen ebenjene asketischen Kräfte – Objektivismus, Wertfreiheit, Sachlichkeit, Verleugnung des Wissenssubjekts – verstärken, die sich nach Nietzsches Auffassung gegen unsere Sinne, Körper, Historizität, unser Deutungsvermögen und unseren Willen zur Wahrheit richten. Was Weber mit Wissenschaftler:innen vorhat, jagt den Nihilismus also aus einer Tür hinaus und lässt ihn durch eine andere wieder herein.

Weber versucht, sich Nietzsches Schlussfolgerungen zu entwinden, aber es gelingt ihm nicht. Dass es müßig ist, sich hingebungsvoll der Akkumulation von Wissen zu widmen, das Gefahr läuft, nicht zur Kenntnis genommen zu werden, und mit Sicherheit übertroffen werden wird, ist ein Leitmotiv seiner Vorlesung. Die Frustration und der Überdruss des modernen Wissenschaftlers werden wiederholt eingestanden, aber an keiner Stelle beseitigt, ganz im Gegenteil: Weber besteht darauf, dass eine sich auf das empirisch Feststellbare und das wertfrei Analysierbare beschränkende Wissenschaft verlangt, das »menschliche« Element des Wissenstriebs zu objektivieren anstatt freizusetzen. Er fordert Wissenspraktiken, die nicht nur den Wissenden nach Belohnung und die Welt nach Sinn hungern lassen, sondern den Willen zum Wissen (bzw. den Willen zur Macht durch Wissen) gegen seine eigene Quelle richten, auf die aufgrund ihrer engen Grenzen mit unvergleichlicher Heftigkeit eingeschlagen wird. Dass sich das Selbst auf diese Weise gegen das Selbst richtet, sollte, wie Nietzsche unterstrich, in der westlichen Zivilisation immer weiter um sich greifen, sodass wir am Ende das Nichts wollten, obwohl wir dadurch der Dekadenz anheimfielen – zwei in der heutigen politischen Kultur lautstark vernehmbare Symptome von Nihilismus. Was ist die Weigerung, den Klimawandel aufzuhalten, und die Bereitschaft, von Märkten anstatt von Personen regiert zu werden, anderes als der Wille zum Nichts? Was ist die fröhliche Schmähung von Tatsachen und Wahrheit durch Machtanmaßung anderes als Dekadenz? Was ist die unverhohlene Zerstörung demokratischer Normen und Institutionen, um einer schwindenden demografischen Basis die Macht zu sichern, anderes als reine Machtpolitik, die ihrerseits ein Auswuchs des Nihilismus ist?

Wie ich bereits angedeutet habe, gelten die kämpferischsten und schönsten Momente von »Wissenschaft als Beruf« trotz Webers Beharren darauf, dass Wissenschaft ausschließlich auf Tatsachen beruht, der Frage, wie Wissenschaftler:innen und Lehrende Werte analysieren sollen. Warum? Im vorigen Kapitel habe ich dargelegt, dass Weber Werte mit Politik und Politik mit Parteilichkeit, Macht, Kraft und im äußersten Fall Gewalt gleichsetzt. Diese Gleichsetzungskette ist die Kurzform eines von Weber aufgezeichneten historischen Prozesses, der erhebliche Auswirkungen auf das Problem hat, wie Werte in einem nihilistischen Zeitalter akademisch zu handhaben sind. In einem seiner früheren Aufsätze zur Methodik setzt Weber Werte nicht mit Politik, sondern mit Kultur gleich.[23] Ein Kulturmensch zu sein, so Weber, heißt, »mit der Fähigkeit und dem Willen [begabt zu sein], bewußt zur Welt *Stellung* zu nehmen und ihr einen *Sinn* zu verleihen«.[24] »Der Begriff der Kultur ist ein *Wertbegriff*«, gibt er an, das heißt die »empirische Wirklichkeit *ist* für uns ›Kultur‹, weil und sofern wir sie mit Wertideen in Beziehung setzen«.[25] (Wir beschränken uns nicht aufs Essen, Fortpflanzen und Lernen, sondern genießen die Kochkunst, errichten Institutionen wie die Familie und entwickeln Lehrpläne, worin sich widerspiegelt, wofür »wir« uns halten.) Doch wie kommt es, dass Werte sich in der Spätmoderne von der kulturellen auf die politische Ebene verlagern? Webers Ansicht nach werden Werte politisch, wenn sie ihre Wurzeln, ihre Anbindung an eine als Grundlage dienende, gemeinsame autoritative Weltanschauung verlieren. In diesem Augenblick werden sie zu Streitfragen, die sich (wenn auch nur vorläufig) außer durch rhetorische Wucht, Gesetzeskraft oder physische Gewalt nicht entscheiden lassen. Wie wir gesehen haben, ist dies auch der Zeitpunkt, zu dem sie für eine nihilistische Hyperpolitisierung angreifbar werden. Die auf Werte, die in keinem Fundament mehr wurzeln und an keine Autorität mehr gebunden sind, zurückzuführende Politisierung der Kultur ist einer der Punkte, an dem der Liberalismus zerbricht: Multikulturalismus im weitesten Sinne funktioniert nur bei dauerhafter Entpolitisierung der Kultur, und eine solche Entpolitisierung ist nur mit fest verankerten, gemeinsamen Werten möglich. Das sogenannte Zeitalter der Identitätspolitik hat daran überhaupt nichts geändert, vielmehr lässt sich an ihr ermessen, was wir verloren haben.[26]

Die Kette der unverkennbar zeitbezogenen Gleichsetzungen, die Weber zwischen Werten, Politik, Parteilichkeit und Kraft vornimmt, hat drei Dinge zur Folge. Erstens verwandelt sie alle Werte in praktische, der kühlen Analyse zugängliche Positionen und verlagert ihre weltliche Umsetzung in ein Reich, in dem das Auseinanderfallen von Beweggründen und Folgen eher Verantwortlichkeit gegenüber diesem Auseinanderfallen als bloß gegenüber Prinzipien verlangt. Kein religiöses oder anderes moralisches Rüstzeug kann die Akteure vor dieser Verantwortung bewahren. Zweitens macht sie aus der politischen Bühne eine Gladiatorenarena für den Wettstreit der Werte oder, wie Weber es nennt, den »Kampf der Götter«. Drittens verleiht sie dieser Arena ein wenn auch nicht unausweichliches Potenzial, im Zusammenhang mit sowohl rasenden als auch stillen wertzerstörenden historischen Kräften macht sie sie sogar zum Raum einer postnihilistischen Wiedergewinnung und Verfolgung von Werten.

Diese Gleichsetzungskette wirkt sich auch auf Wissenschaft, Lehrpläne und Pädagogik aus. Sie beseelt Webers Argumentation, dass die Entstehung und Vermittlung von Wissen gegen Werte immun sein müsse und sich ihnen nicht beugen dürfe. Wenn Werte *heute* aufgrund der ihnen innewohnenden Kontingenz und Parteilichkeit in sich politisch sind, dann ist schon der schwächste normative Impuls Gift für wissenschaftliche Gefilde. Da ein solcher Impuls für mehr steht als für Voreingenommenheit oder Interesse, bringt er natürlich Unentscheidbarkeit mit sich, erfüllt aber auch einen Ort mit Kraft und potenziell charismatischer Macht, für den beider Vorhandensein verheerend ist. Entscheidend für Webers strenge Objektivitätsanforderungen an Forschung und Analyse und seinen Anspruch auf Wertfreiheit im Hörsaal ist jedoch, dass sie sich ihrerseits aus Webers ohne Fundamente auskommendem Werterahmen ergeben. Um gültige Normen einzuführen, benötigt er keine universellen Normen oder transzendentalen moralischen Verpflichtungen und keine Rechtfertigungskaskaden! Vielmehr sind Werte grundsätzlich politisch, *weil* ihnen heutzutage das Fundament fehlt, weil sie nicht durch Wahrheit oder als Wahrheit gewährleistet werden können. Andersherum ausgedrückt, liegt die Wurzellosigkeit und Bestreitbarkeit von Werten der Natur zeitgenössischer Politik als solcher zugrunde, obwohl Weber es nie exakt auf diese Weise formuliert hat. Gegeneinander kämpfende Werte machen das Wesen des politischen Kampfes aus, für den Macht und Gewalt die vorherrschenden Mittel sind. Wie wir gesehen haben, versucht Weber keineswegs, die daraus folgende Irrationalität dieses Bereichs zu beheben, sondern träumt lediglich davon, sie an Verantwortung zu binden, ihrer Gewaltsamkeit Grenzen zu setzen und sie von den Wissenslaboren fernzuhalten.

Werte sind politisch, die Politik ist ein Feld von Macht und Gewalt und wissenschaftliche Erkenntnis stellt sich nur ein, wo all dies – Macht, Leidenschaft, Parteilichkeit, Gewalt – ausgesetzt ist. Diesen Gegensatz schreibt Weber bekanntlich in die Sprache selbst ein. Über die politische Sphäre sagt er:

> Die Worte, die man braucht, sind […] nicht Mittel wissenschaftlicher Analyse, sondern politischen Werbens um die Stellungnahme der anderen. Sie sind nicht Pflugscharen zur Lockerung des Erdreiches kontemplativen Denkens, sondern Schwerter gegen den Gegner: Kampfmittel. In einer Vorlesung oder im Hörsaal […] wäre es Frevel, das Wort in dieser Art zu gebrauchen.[27]

Die Sprache der Verführung gegen die Sprache der Analyse, Worte als Waffen gegen Worte als Pflugscharen, Krieg und Frieden – nicht graduelle Unterschiede, sondern diametrale Gegensätze. *»[W]o immer* der Mann der Wissenschaft mit seinem eigenen Werturteil kommt«, donnert Weber, »[*hört*] *das volle Verstehen der Tatsachen auf*.«[28] Unparteilichkeit, Wertfreiheit, das Halten an Tatsachen und Befolgen von Methoden sind absolute Gegensätze zu den Besetzungen, dem Auftreten und der Einflussnahme des »Propheten wie de[s] Demagogen«. Auf der einen Seite waltet kühle Vernunft, auf der anderen heiße Leidenschaft; eine Seite strebt nach Wahrheit, die andere nach Macht, die einen versuchen, Neugier zu wecken und ihr Publikum zum Nachdenken anzuregen, die anderen möchten Anhänger anlocken.[29] Webers Schärfe an dieser Stelle wirkt wie ein Ausbruch jenes Willens zur Macht, von dem wir wussten, dass er bei diesem streng disziplinieren Gelehrten an irgendeiner Stelle zum Vorschein kommen würde. Er tritt in Gestalt der Weber eigenen Heftigkeit in Bezug auf die Methoden des Wissenserwerbs in Erscheinung.

Doch auch hier fallen die Werte bei Weber nicht ganz aus dem Feld der Wissenschaft heraus. Dies würde ihre Macht unangetastet lassen, die abgeschwächt werden muss, um die Wissenschaft vollständig von ihr abzuschirmen. Stattdessen verlagert Weber die Werte vom Subjektiven ins Objektive, obwohl sie als analytische Wissensgegenstände ihre tiefe Verankerung in der schwer fassbaren subjektiven Sphäre einbüßen, der sie bisher entsprangen, nicht länger in das Leben eingreifen und auf der politischen Bühne keine leidenschaftliche Entfaltung mehr finden. Durch die Verschiebung des Wertregisters vom Wissenden zum Wissensstoff, vom Glauben oder von einer Überzeugung zum Untersuchungsgegenstand verschlägt es die Werte in eine wissenschaftliche Domäne, in der ihre interne Logik sowie externen Implikationen aufgedeckt *und* ihre Fundamentlosigkeit unterstrichen werden können. Ihre Zauberkräfte werden neutralisiert, wenn nicht gänzlich unwirksam gemacht, indem sie als »Götter« vom Sockel gestürzt und stattdessen als voraussetzungs- und folgenreiche Normen analysiert werden. Und Weber geht noch weiter: Der »Sinn« der Werte wird auf ihr Verhältnis zu anderen Werten reduziert. So wie Weber es ausdrückt, ist der Wissenschaftler oder Lehrende verpflichtet zu zeigen, dass »Ihr [...] diesem Gott [dient] *und* [...] *jenen anderen [kränkt]*, wenn Ihr Euch für diese Stellungnahme entschließt«. So können wir »den einzelnen nötigen, oder wenigstens ihm dabei helfen, sich selbst *Rechenschaft zu geben über den letzten Sinn seines eigenen Tuns*. [...] Ich bin auch hier versucht, wenn einem Lehrer das gelingt, zu sagen: er stehe im Dienst ›sittlicher‹ Mächte: der Pflicht, Klarheit und Verantwortungsgefühl zu schaffen.«[30]

Dass eine solche Wertfreiheit oder Objektivität überhaupt möglich ist, wenn man etwas schildert oder analysiert, wird heute zu weiten Teilen und zu Recht in Zweifel gezogen. Doch das soll nicht unsere Hauptsorge in Bezug auf Webers Ringen damit sein, in einem nihilistischen Zeitalter zum Schutz von Wissenschaft *und* Werten Objektivität aufzubieten. Eher sticht ins Auge, wie Werte dadurch verwandelt – ja sogar vergewaltigt – werden, dass ihnen die Rolle von normativen Positionen mit analysierbaren Regeln und logischen Weiterungen zufällt, dass ihre psychischen, religiösen oder affektiven Dimensionen ausgeklammert werden und sie auch noch aus ebenjenen kulturellen und historischen Zusammenhängen herausfallen, die ihnen ihr spezifisches Gewicht und ihren besonderen Sinn verleihen. Weber weiß, dass das nicht richtig ist. Dass Werte historisch, unstet und schwer fassbar sind und dass unsere Bindung an sie auf persönliche oder überpersönliche, auf Erfahrung beruhende oder theologische Quellen zurückgeht, hat seine Theorie meisterlich berücksichtigt. Er weiß sehr wohl, dass Werte als solche kulturellen und politischen Traditionen, aber auch Wünschen, Ambitionen, Hoffnungen, Trugbildern, Ressentiments, Rankünе und Rachegefühlen entspringen: all dem, was Nietzsche als den Preis für das Aufstellen von irdischen Idealen beschreibt. Dieser Versuch, Wissenschaft in den Dienst von ethischer, moralischer sowie politischer Klarheit und damit von Verantwortlichkeit zu stellen, nimmt mithin eine Transformation seines Untersuchungsgegenstandes durch dessen Formalisierung vor. Mehr noch: Er strebt – als letzte Stufe der Entzauberung – eine Rationalisierung der Werte selbst an.

Weber ist sich im Klaren, dass die Forderung, Wissenschaftler und insbesondere Lehrende sollten sich Werten bei ihrer Untersuchung als kontingenten Standpunkten mit unvermeidbaren Folgeerscheinungen, Gegenspielern und Ausschließungen nähern, die Praxis verzerrt und unterdrückt, die er mit unserer tiefsten Menschlichkeit identifiziert, eine Praxis, die dem Leben Sinn verleiht und darüber *entscheidet*, was von Bedeutung ist.

Diese die Entzauberung beschleunigende Forderung verwandelt Weltanschauungen in trockene und wurzellose, ihrer faszinierenden und anregenden Kräfte sowie ihres Vermögens beraubte normative Positionen, den Sinn der Geschichte und der Gegenwart zu verändern. Weber verlangt, dass die Hochschule diese Austrocknung vornimmt und die Professor:innen in diesem Rahmen taylorisierte Arbeit verrichten; sie sind Arbeitskräfte, die sich auf ihr eigenes Spezialgebiet beschränken und gleichzeitig ihre eigenen Urteile oder Sorgen verleugnen. Zusammengenommen stellen diese strengen Vorgaben einen noch schwereren Angriff auf Werte dar als Nietzsches Forderung ihrer genealogischen Neubewertung. Immerhin lässt diese ihre Verführungskraft und -waffen unangetastet, wohingegen Webers Gebote darauf abzielen, sie beide zu entschärfen. Und im direkten Gegensatz zu Nietzsches Wiedereinbettung postnihilistischer Werte in Eros und Macht behandelt Weber Werte, als könnten sie im Zuge einer rationalen Betrachtung ihrer abstrakten Folgeerscheinungen bewertet werden, obwohl er weiß, dass Werte und das politische Terrain, auf dem um sie gekämpft wird, nicht auf diese Weise funktionieren.[31] Webers Regelwerk für die Wissenschaft leistet also der Entleerung der Wertewelt Vorschub, es beschränkt die Reichweite menschlicher Erkenntnis und modelt gleichzeitig die Gegenstände, die er lediglich zu untersuchen verspricht, auf wundersame Weise um. Dieses Regelwerk nutzt die Objektivierungskraft der Wissenschaft, um das zu verringern, was es als subjektivierende Kraft der Werte auffasst – es stellt nicht nur in Abrede, dass es in der

Wissenschaft Werte gibt, sondern verwehrt Werten die Wissenschaftlichkeit.

Eine solche Behandlung von Werten setzt voraus, dass Weber Nietzsches Kritik an Darstellungen aus dem Nirgendwo vermeidet, seine Grabrede auf die »gefährliche [...] alte [...] Begriffs-Fabelei« von einem »›reine[n], willenlose[n] [...], zeitlose[n] Subjekt der Erkenntniss‹«, dessen »Auge [...] durchaus keine Richtung haben soll« und »bei dem die aktiven und interpretirenden Kräfte unterbunden sein sollen«.[32] Weber weist nicht bloß Nietzsches radikalen Interpretativismus und seine Entlarvung des bei jeder Erkenntnis aktiven Willens zur Macht zurück, sondern *verlangt* darüber hinaus eben den Asketismus, der nach Nietzsches Diagnose die in Nihilismus gipfelnde Krankheit ist. Die Sorge um die Welt oder das Leiden an ihren Missständen mögen zwar unseren Untersuchungsgegenstand bestimmen, aber *während* unserer Untersuchung müssen wir solche Besetzungen genauso aufgeben wie alles Streben nach persönlicher Zufriedenheit. Wissenschaft setzt voraus, die eigenen Überzeugungen und Sorgen um die Welt an der Schwelle zur Forschung und Analyse zurückzulassen; bei der Arbeit auf persönliche Äußerungen zu verzichten; sich eine von der eigenen Person oder Persönlichkeit unabhängige rationale Ordnungsliebe und Methode anzueignen; und natürlich zu akzeptieren, dass die eigenen Bemühungen im Sande verlaufen können und die eigenen »Entdeckungen« mit der Zeit in den Schatten gestellt werden. Mit Wolin gesprochen: »Die anspruchsvollen, ja geradezu obsessiven Anforderungen, die Weber den Sozialwissenschaftler:innen aufbürdete, bilden ein Gegenstück zum calvinistischen Einhalten des Wortlauts der Schrift und der von den puritanischen Geistlichen vorgeschriebenen Frömmigkeitsregeln.«[33]

Kurz gesagt, bejaht Weber das »*[K]astriren*« des Intellekts, das »Nein [...] zum Leben«, aber auch den *Schutz[...]-Instinkt [...] eines degenerirenden Lebens*«, die Nietzsche mit dem asketischen Ideal identifiziert, dessen »Absicht auf Aushungerung der Leiblichkeit und der Begierde«, wenn der Wille zur Macht sich gegen die Lebensinstinkte selbst wendet.[34] Nietzsche schreibt:

> Denn ein asketisches Leben ist ein Selbstwiderspruch: hier herrscht ein Ressentiment sonder Gleichen, das eines ungesättigten Instinktes und Machtwillens, der Herr werden möchte, nicht über Etwas am Leben, sondern über das Leben selbst, über dessen tiefste, stärkste, unterste Bedingungen; hier wird ein Versuch gemacht, die Kraft zu gebrauchen, um die Quellen der Kraft zu verstopfen.[35]

Weber bejaht dieses masochistische Wenden des Willens zur Macht gegen das Selbst im Geistesleben und streut noch Salz in die Wunde, wenn er die Flüchtigkeit wissenschaftlicher Errungenschaften unterstreicht. Geistlos bringt der Wissenschaftler eine sinnlose Sache auf den Weg, die sowohl Selbstverneinung als auch ein Verschwinden des Sinns aus der analysierten Welt verlangt: Das ist praktizierter Asketismus, dessen Kulminierung im »Wille[n] zum Nichts« Nietzsche vorhergesagt hatte, ein nihilistischer Geist im Wissenschaftler selbst, der darauf aus ist, allem den Geist auszutreiben, was er anfasst.[36] Webers eigene Entzauberungsthese ist zu gemäßigt, um das erfassen zu können, was eine solche Praxis nach Nietzsches Verständnis bewirkt. Geheimnis und Wunder, Sinn und Erhabenheit werden nicht nur der Welt entzogen, wenn der Wissenschaftler sein objektivistisches, wertfreies Seziermesser an sie anlegt. Vielmehr wird geistige Größe als solche – in Literatur, Kunst und allen Arten von Theorie – durch die Anforderungen in Mitleidenschaft gezogen und eingeschränkt, die Weber an den Wissenschaftler stellt, um die Auswirkungen des Nihilismus aufs Hochschulwesen abzuwehren. Doch dieser *Trieb*, das Leben, einschließlich des Geisteslebens zu schwächen und einzuschränken, ist Nietzsche zufolge der Trieb des aus dem Asketismus hervorgehenden Nihilismus selbst.[37]

Über das bloße Verordnen einer geistig-intellektuellen Hungerkur hinaus errichtet Weber eine Folterkammer für die zur Wissenschaft berufenen Menschen. In Kombination mit der Zerstörung der Werte, die den Kern von Webers eigener Diagnose des Abgleitens der Moderne in die Finsternis bildet, sind solche Geschöpfe zum fieberhaften Akkumulieren von Tatsachen verdammt. So schreibt Wolin: »Wie der Calvinist [aus der *Protestantischen Ethik*] akkumuliert der Wissenschaftler«, auch wenn »das, was er zusammenträgt, keinen bleibenderen Wert hat als die anderen Dinge auf der Welt«.[38] Weber wiederholt also auf der Ebene der Wissenschaft sowohl die Morphologie des Kapitalismus, nachdem dessen Geist sich in dem angesiedelt hat, was er als »mechanische Grundlagen« bezeichnet, als auch die Morphologie der vom Nihilismus ausgelösten Depression: getrieben, aber ziellos, ohne Unterlass gehetzt und obsessiv, wütendes und doch ersticktes Begehren, Rastlosigkeit. Ohne die Augen davor zu verschließen, dass die modernen Apparate die Freiheit, die Werte und die Zufriedenheit der Menschen zerstören, errichtet Weber sein stahlhartes Wissens- und Wissenschaftsgehäuse nach ihrer Blaupause: von ihren Zwecken getrennte Mittel, auf Mittel reduzierte Wissenschaftler, immer weiter in den Hintergrund tretende Zwecke, ein Räderwerk des Wertverlusts, aus dessen Windungen es kein Entkommen mehr gibt. Die Entgeistigung von Wissenschaft und Wissenden und die Verwandlung des Intellektuellen in einen Arbeiter am Fließband des wissenschaftlichen Fortschritts zielen nicht nur auf Sinnentleerung, sondern auch auf den Wegfall der emotionalen Erfüllung durch Arbeit. Angesichts des unvermeidlichen Veraltens der eigenen Wissensproduktion verlangt das Berufensein zur Wissenschaft sowohl einen Geist der Entäußerung als auch die Aussöhnung mit solch einer Selbstauslöschung.[39] Webers Forderung nach Entpersonalisierung, Objektivität, Methodensicherheit und nach der Eliminierung letzter Wahrheiten aus dem wissenschaftlichen Streben verwehrt dem Wissenschaftler also sogar die sublimierten Freuden der Kreativität, wenn er einem Stoff Form verleiht, und dem Pädagogen verweigert sie Hilfestellung bei der Transformation, die viele mit Lehre assoziieren.

Der tragischen Dimension dieser Anforderungen an

Akademiker:innen, des Apparats, den er speist, der von ihm verwehrten Erfüllung und Erlösung ist Weber sich voll und ganz bewusst – und möglicherweise kommt dies auch in der ihn lähmenden Depression zum Ausdruck. In vielerlei Hinsichten ist die Vorlesung über »Wissenschaft als Beruf« ein langer, depressiver Seufzer über das, was Wissenschaft sogar abgesehen von ihrem erbärmlichen gegenwärtigen Zustand ist und verlangt. In diesem Punkt unterscheidet sie sich scharf von seiner Schilderung des Lebens eines Politikers. Obwohl beide Berufe es erforderlich machen, das »Schicksal der Zeit [...] männlich [zu] ertragen« oder »in die weit und erbarmend geöffneten Arme der alten Kirchen zurück[zukehren]«, bietet die Wissenschaft keine solchen kompensatorischen Freuden wie den Genuss des »nackten Besitz[es] der Macht, die [man] ausübt«, dem eigenen Leben durch den Dienst an einer Sache Sinn zu verleihen oder »das Gefühl, einen Nervenstrang historisch wichtigen Geschehens mit in Händen zu halten«.[40] Es gibt keinen tapferen und erhebenden Lutherischen Moment des Widerstands, kein »hier stehe ich, ich kann nicht anders«. Und die wissenschaftliche Tätigkeit hat auch nichts Großartiges an sich, während der Politiker die leidenschaftliche Verfolgung einer großen Sache mit Nüchternheit und Zurückhaltung angeht. Es gibt keinen den Lauf der Welt verändernden Zweck und deshalb auch keine kompensatorischen Freuden, mit denen der Wissenschaftler die asketische Hingabe an die wissenschaftliche Methode verbinden kann. Wissenschaft ist die Sache, Punktum, eine Sache, die weder jemals ein

Ende findet noch einen letzten Sinn hat. Im Gegensatz zur Ethik des Politikers, der ein Mischungsverhältnis zwischen Prinzipien, Ehrgeiz und Verantwortung finden muss, gilt für den Wissenschaftler »keine andere Tugend [...] als [...] schlichte intellektuelle Rechtschaffenheit« und der schlussendlichen Sinnlosigkeit der Wissenschaft muss mit schlichter »Manneswürde« ins Auge gesehen werden.[41]

Webers Unterscheidungen und Regelwerk für die Wissenschaft scheinen auch eine Gesellschaftstheorie und politische Theorie zu verbieten, die um einer fantasievollen oder spekulativen Denk- und Wissenspraxis willen Objektivismus und Empirismus verwerfen. Wir greifen zu Recht auf solche Praktiken zurück, schreibt Sheldon Wolin, um uns politische und soziale Konstellationen und Mächte vorstellen zu können und unseren Beschreibungen des politischen Lebens »größere Vollständigkeit« zu verleihen, was erforderlich sei, weil wir nicht alle politischen Aspekte aus eigener Erfahrung »sehen« könnten.[42] »Die Unmöglichkeit direkter Beobachtung zwingt die Theoretiker:innen, *eine Gesellschaft* dadurch *zu versinnbildlichen*, dass sie von bestimmten Phänomenen abstrahieren und dort Querverbindungen herstellen, wo keine sichtbar sind. Zum Verstehen einer Welt, die sie niemals ganz genau ›kennen‹ können, gelangen Theoretiker:innen mit Hilfe von Fantasie.«[43] Solch eine fantasievolle, auf einer nichtempirischen Architektonik beruhende und einer kreativen Welterschaffung im Denken nahekommende Beleuchtung der Dinge ist genau das, was Weber der Sozialwissenschaft auszutreiben versucht, so sehr er sie auch in Literatur, Kunst, Religion und Tradition bewundert. Eine keiner Methode gehorchende, fantasievolle Theorie der Welt aufzustellen, sei – trotz Webers eigenem außergewöhnlichen Talent für diese Art von Arbeit, das sich unter anderem in seinen Schilderungen der Rationalisierung, des Charismas und der Entzauberung offenbart – epistemologisch unseriös, nicht im Unterricht vermittelbar und gefährlich. Wir müssten uns auf empirische Studien, Idealtypen und Typologien sowie die kühle analytische Sezierung von Kultur und Werten beschränken. In seiner eigenen Version der Vertreibung der Dichter aus dem Staat zieht Weber die Schraube des Asketismus und der Zerstörung des Sinns weiter an.

Im Gegensatz dazu, wie er den Beruf* des Politikers zuschneidet und dabei gegen die in seiner Zeit vorherrschenden Kräfte Position bezieht, stimmt Weber das Berufensein zur Wissenschaft also stark auf Rationalisierung und Entzauberung ab, deren Tilgen von Werten und Herrschaftsapparate auf kalkulatorischer Rationalität beruhen. Die wissenschaftlichen Bemühungen stellen diese keineswegs in Frage, sie verstärken sie durch ihr Bekenntnis zu Spezialisierung, Objektivität, Methodik und Sachlichkeit. Auf diese Weise kappt Weber beherzt die auf die Aufklärung zurückgehende Verknüpfung von Wissen und Emanzipation und verabschiedet sich auch vom Humboldt'schen Ideal der Universitäten als kulturellen Bildungsstätten. Er untersagt dem Hochschulwesen auch die Diagnostizierung von sozialen Übeln oder Krisen als einer Praxis, die wir heute mit kritischer Theorie oder kritischer Wissensproduktion identifizieren. Wissenschaftler:innen im Weber'schen Sinne dürfen demnach ein »Informationszeitalter« beschreiben, aber nicht kritisieren, das in Bezug auf die einzelnen Subjekte unvergleichliche Überwachungs- und Manipulationskapazitäten hervorbringt; eine Zeit, in der das Kapital alles den Launen der Finanzwirtschaft unterwirft; in der die Wissenschaft so stark in Fachkompartimente unterteilt und der Welt so weit entzogen ist, dass sie für die Krisen der Bewohnbarkeit des Planeten, der Menschheit und der Demokratie, in denen wir uns heute befinden, nur noch wenig Relevanz besitzt. Weber sah die Finsternis vor sich, aber sein Weg, die nihilistische Zerstörung von Wissenschaft und Wahrheit einzudämmen, führte direkt in sie hinein.

Wissenschaft und Religion

> Erlösung von dem Rationalismus und Intellektualismus der Wissenschaft ist die Grundvoraussetzung des Lebens in der Gemeinschaft mit dem Göttlichen.
>
> *Max Weber*

Bis hierher haben wir Webers Konzeption von Wissenschaft und seine Anforderungen an die Wissensproduktion im Hinblick auf seine Gegenüberstellung des regen Kampfes um Werte in der politischen Sphäre und der wertfreien Akkumulation von Wissen in der Wissenschaft betrachtet. Diese Gegenüberstellung ist zentral für seine Polemik gegen politisierte Forschung und Lehre. Gegen Ende der Vorlesung geht er jedoch vom Problem politischer Macht zum Problem des Heiligen über und verlegt dadurch das Gegenteil von Wissenschaft von der Politik auf den Glauben. Die säkulare Pluralisierung der Werte, behauptet er, führe zu einem »Kampf [...] der Götter«, den die Wissenschaft – und die Professorenschaft – nicht beilegen kann und darf.[44]

In der Einleitung hatte ich angedeutet, dass eine Folge der Rationalisierung und des von ihr hervorgerufenen Nihilismus im Auseinanderfallen von Wissenschaft, Politik und Religion in der Moderne besteht. Diese drei Gebiete spalten sich voneinander ab, nachdem die Wissenschaft die epistemologische Autorität der Religion vom Thron verdrängt hat. Erst dann kann Wissenschaft (unabhängig davon, was wir von solch einer vermessenen Vorstellung halten) mit objektiven, beweisbaren Beschreibungen gleichgesetzt werden. Religion lehnt eine solche Bindung von Wissenschaft an Objektivität und Empirismus ab, weshalb Weber den modernen religiösen Glauben ganz arglos, aber ausdrücklich als »Opfer« des Intellekts bezeichnet. Politik wird zu einem Gebiet, auf dem um in Überzeugungen ohne letzte Begründung wurzelnde Wertesysteme gerungen wird. Natürlich beschäftigen sich sowohl Religion als auch Politik mit Werten, aber Religion erhebt außerdem noch Anspruch auf Wahrheit, was bedeutet, dass sie Gefahr läuft, auf eine Weise auf dem Terrain der Wissenschaft zu wildern, wie es die Politik nicht tut. John Lockes gesamter Abriss über das Tolerieren von religiösem Pluralismus beruht auf der Trennung dieser drei Sphären: Wissenschaft ist empirisch und wird durch Macht korrumpiert; Religion ist auf innere Wahrhaftigkeit, aufs Gewissen, angewiesen; und Politik greift auf Zwangsgewalt zurück, bei der weder Glauben noch Wahrheit herauskommen können, nur Unterwerfung.[45]

Für Weber liegt die existenzielle Bedrohlichkeit einer religiösen Haltung im Hochschulwesen aber nicht bloß in der Ersetzung von Vernunft oder Beweisführung durch Glauben, sondern in der Bereitschaft des Wissenschaftlers, in einem entzauberten Zeitalter den großen Hunger der Studierenden nach Sinn zu befriedigen. Weber weiß, dass es beinahe unmöglich ist, das Fehlen von objektivem Sinn zu ertragen, und macht mehrere Verweigerungsstrategien aus. Eine besteht im direkten Rückzug »in die weit [...] geöffneten Arme der alten Kirchen«, wo religiöse Wahrheit absolut ist. Dagegen hat er nichts einzuwenden, er erklärt lediglich, dass so etwas weder für Wissenschaft noch für Politik angemessen ist. Eine andere Strategie ist das Einschlagen des überaus trostlosen Weges des Nihilismus, auf dem nichts von Bedeutung und das Leben sinnlos ist. Solch ein Schritt, bemängelt Weber, mache sich nicht bewusst, dass sich in einem säkularen Zeitalter jeder von uns *entscheiden* müsse, was von Bedeutung und was der Sinn unseres Lebens ist. Eine weitere Möglichkeit besteht darin, aus dem *»Alltag«* oder einem authentischen »Erlebnis« eine Religion zu machen. Eine solche Tendenz ist nach Webers Ansicht in der Jugend seiner Zeit weitverbreitet und er erkennt in ihr die »Schwäche [...]: dem Schicksal der Zeit nicht in sein ernstes Antlitz blicken zu können«.[46] Doch der gefährlichste Infektionsherd im Hörsaal ist eine neue Version von Tolstois Frage: »Wer beantwortet, *da es die Wissenschaft nicht tut,* die Frage: was sollen wir denn tun? Und: wie sollen wir unser Leben einrichten?«[47] In dieser Frage ist die ganze Verzweiflung der Zeit enthalten, und Weber nimmt in ihr die Sehnsucht nach einem Propheten wahr, der standzuhalten vielen seiner Kollegen die Kraft und die Selbstdisziplin fehlen. Studierende, die nach mehr verlangen als nach Unterweisungen in Methode, Analyse und Tatsachen, schäumt er, »suchen [...] einen *Führer* und nicht: einen *Lehrer*«.[48] Solchen Sehnsüchten unter anderem durch eine Erklärung einen Dämpfer zu erteilen, wie sie zustande kamen, ist alles, was wir anbieten können. Auf die neue Version von Tolstois Frage antwortet Weber denn auch:

> […] nur ein Prophet oder ein Heiland. Wenn der nicht da ist […], dann werden Sie ihn ganz gewiß nicht dadurch auf die Erde zwingen, daß Tausende von Professoren als staatlich besoldete oder privilegierte kleine Propheten in ihren Hörsälen ihm seine Rolle abzunehmen versuchen. Sie werden damit nur das eine fertig bringen, daß das Wissen um den entscheidenden Sachverhalt: der Prophet, nach dem sich so viele unserer jüngsten Generation sehnen, ist eben *nicht* da, ihnen niemals in der ganzen Wucht seiner Bedeutung lebendig wird.[49]

Es gibt nur wenige Dinge, die existenziell schwieriger sind, als der Tatsache ins Auge zu sehen, dass nicht vorgegeben ist, was auf dieser Welt für wertvoll oder wichtig gehalten werden soll. Deshalb gibt es so viele Strategien, dieser bitteren Wahrheit auszuweichen: Religion, Nihilismus oder die Suche nach Authentizität oder einem säkularen Propheten. Die Aufgabe der Professorenschaft besteht Weber zufolge darin, solche Strategien als das zu entlarven, was sie sind, und die Studierenden mit der inhärenten Sinnlosigkeit der Welt zu konfrontieren. Anstatt dieses Vakuum zu füllen, müssen wir sie lehren, »daß das Leben […] nur […] die Unvereinbarkeit und also die Unaustragbarkeit des Kampfes der letzten überhaupt *möglichen* Standpunkte zum Leben, die Notwendigkeit also: zwischen ihnen sich zu *entscheiden* [kennt]«.[50] Gegen alle Intuition können zerstörerische Auswirkungen des Nihilismus – wie die Spiritualisierung oder Politisierung der Wissenschaft – nur durch die Bejahung der Sinnlosigkeit abgewendet werden.

Daneben, dass er die verzweifelte Sinnsuche anspricht, mag es noch einen anderen Grund dafür geben, dass Weber im letzten Teil seiner Vorlesung den Rahmen seiner Kritik am Verkünden von Werten im Hörsaal von politischer Demagogie auf falsches Prophetentum verlagert. Auch wenn Politik auf dem Katheder nicht in Frage kommt, könnten ethische und moralische Lehren weiterhin relevant sein. Gegen Kant und nicht nur Nietzsche wendet Weber ein, dass auch Ethik keine Autoritätsgrundlage besitzt und nicht durch logische Schlüsse erreicht werden kann. An manchen Stellen scheint Weber Verfechter:innen von ethischen oder moralischen Systemen – möglicherweise weil sie nicht ganz so parteiisch wirken – sogar für noch verantwortungsloser zu halten als Lehrende, die auf dem akademischen Podium für politische Positionen eintreten. Der einzige ethische Zweck, zu dem Lehrende oder Wissenschaftler:innen taugen, besteht laut Weber darin, den Studierenden zu *Klarheit »über den letzten Sinn [ihres] eigenen Tuns«* zu verhelfen. Da die Unentscheidbarkeit von Werten es erforderlich macht, dass jeder entscheidet, was richtig ist und was falsch, ist dies keineswegs ein geringer Dienst. Eine solche »Pflicht, Klarheit und Verantwortungsgefühl zu schaffen«, schließt sowohl eine pädagogische Ethik als auch ein Handeln »im Dienst [höherer] ›sittlicher‹ Mächte« ein, insofern es die Studierenden mit dem Wissen und dem Verständnis ausstattet, das sie benötigen, um ihren eigenen ethischen Standpunkt zu entwickeln.[51] Die Entscheidung selbst ist *nicht* wissenschaftlich, aber wissenschaftliche Analysen der verschiedenen möglichen Positionen können sie auf eine breitere Basis stellen. Auch hier ringt Weber wieder um eine Position, der zufolge Werte nicht in Intellektualismus gründen, sich aber trotzdem mit seiner Hilfe entfalten und in ihm Rückhalt finden können.

Wenn wir insgesamt einschätzen wollen, was Weber in Wissenschaft und in Lehre verbietet – Diagnosen, Kritik und Engagement auf Seiten der Politik sowie Charakterbildung und die Entwicklung von Verhaltenskodizes auf Seiten der Ethik –, dürfen wir nicht vergessen, was hinter diesen Verboten steht. Anstatt die Hochschule zu nutzen, um die Sinnkrise anzusprechen, die zu seiner Zeit so viele beunruhigende Kräfte freisetzte, ist er bemüht, die Hochschule vor diesen Kräften zu schützen. Obwohl seine Position erkennbar »konservativ« ist, strebt er vor allen Dingen den Erhalt der Hochschule an, indem er sie vor Übergriffen und Verunstaltungen durch Kapitalismus, staatliche Interessen, Politisierung von unten und religiösen Anwandlungen aller Art schützt. Doch dürfen wir seine Position nicht mit der von Wilhelm von Humboldt 100 Jahre zuvor oder mit der von heutigen säkularen Liberalen verwechseln. Was Weber retten will, sind weder die Humboldt'sche Universität als Quell nationaler Moralkultur noch Privilegien oder Rechte für den Lehrkörper in Form von unbeschränkter akademischer Freiheit. Vielmehr verfolgt er das Ziel, das einzigartige Versprechen und den eigentümlichen Zweck des Hochschulwesens zu bewahren, dessen bedingungsloses Bekenntnis zu einer nicht durch irgendeine Art von Macht oder Interesse verfälschten Wissenschaft, was paradoxerweise die Einschränkung des Versprechens verlangt, was Wissenschaft ist und bieten kann. Sie versorgt nämlich weder den Lehrkörper noch die Studierenden mit Sinn, moralischer Wahrheit, Kritik oder Rezepten in Bezug auf soziale, politische oder existenzielle Probleme. Doch ihre Kartierung der von uns bewohnten Welt liefert mehr als einen Haufen verstaubter Tatsachen. Ohne eine solche Kartierung besteht keine Hoffnung, dass wir die Mächte verstehen und infolgedessen steuern oder wieder eindämmen können, die unsere Existenz sonst beherrschen oder bedrohen würden. Zudem macht die Wissensproduktion einschließlich ihrer Schwierigkeiten und Grenzen den Kern der geistigen Entwicklung des Menschen aus. Für die individuelle Selbstgestaltung ist diese Entwicklung wesentlich und sie ist ebenfalls unverzichtbar für jede nur mögliche Gestaltung unseres Zusammenlebens.

Nachwort
Weber und wir

Gegen herkömmliche Lesarten, dass Webers Vorlesungen über Politik und Wissenschaft ein universelles Regelwerk aufstellen, habe ich Webers beinahe überzogenen Bemühungen hervorgehoben, Wissenschaft und Politik vor ihren eigenen spätmodernen Bedingungen und Folgen zu schützen. Außerdem habe ich vorgeschlagen, dass seine Herangehensweise an das nihilistische Einreißen von Grenzen, an die nihilistische Bagatellisierung von Tatsachen *und* Werten, an die Inhaltsleere von Tiefgründigkeit und Integrität sowie den Orientierungsverlust in Bezug auf moralische und politische Wahrheit in zweierlei Wortsinn ein *pharmakon* ist: Sie macht aus dem Nihilismus einen Sündenbock, um Ordnung zu stiften, und ein aus dem Gift gewonnenes Heilmittel. Webers performativer Konter gegen schädliche nihilistische Kräfte bestand in Unterscheidungen, Trennungslinien, Einschränkungen und Quarantänemaßnahmen. Der Wissenschaft werden Rationalisierung und Säkularismus zugeschlagen, der Politik Charisma und dessen religiöser Geist. Die die Politik befeuernde Leidenschaft, Urteilskraft oder Begeisterung für eine andere Welt sollen aus der Wissenschaft verschwinden. Wissenschaft strebt nach

Wahrheit, Politik schachert um Macht. Wissenschaft ist spezialisiert, körperlos, weltabgewandt; Politik kümmert sich ums große Ganze, um Sterbliche, ums Bodenständige. Gegen wachsende technokratische und bürokratische Kräfte zog Weber mit einem Aufruf zur Disziplinierung der Leidenschaften und zu Zweckmäßigkeit zu Felde. Und der Romantisierung und Politisierung des Geisteslebens rückte er mit der Forderung nach geradezu seelenmörderischer protestantischer Disziplin zu Leibe. Er bemühte sich, Politik die Sehnsucht, Heldenhaftigkeit und Weltlichkeit einzuflößen, zu deren Trockenlegung im Hochschulwesen er entschlossen war. Das Reich der Politik musste vor seiner Beherrschung durch unmenschliche Apparate gerettet werden, die geistigen Gefilde vor der Überwältigung durch das, was er als menschliches Element bezeichnete.

In der Absicht, die durch nihilistische Dekadenz zerstörte Ordnung wiederherzustellen und den Dingen wieder einen Platz zuzuweisen, lassen Webers Gegensatzpaare die Bestie durch eine andere Tür wieder herein. Als er das, was von den Werten übrig war, auf dem Terrain der Wissenschaft dem Mahlwerk der Entzauberung auslieferte, tauschte er die Aussicht, dass Wissenschaft die Welt verändern könnte, gegen die Zauberkräfte charismatischer Führung auf der politischen Bühne ein. Er stimmte empirischen Studien über Vergangenheit und Gegenwart zu, lehnte aber eine wissenschaftliche Entfaltung von Kritik oder Utopien ab. Er legte die Wissenschaft auf die Mächte der Gegenwart fest, sodass nur noch das Charisma auf politischem Gebiet übrigblieb, um den Weg in eine neue oder andere Zukunft zu bahnen. Auch an diesem Punkt blieb Bildung bei ihm weitgehend bedeutungslos für den politischen Wandel, denn Weber verhinderte ihre Synergien mit Massenbewegungen und legte ihrem Vermögen, den Wunsch und das Verlangen nach solchen Bewegungen zu entwickeln, Steine in den Weg. Konservativismus auf einem Gebiet konnte nicht förderlich für kreative und transformative Kräfte auf dem anderen sein. Soweit der Neoweberianismus den sozialwissenschaftlichen Modus Operandi im letzten Jahrhundert prägte, erstickte und tadelte er sogar die wissenschaftlichen Bemühungen, die unseren Problemen zugrunde liegenden Kräfte in Frage zu stellen oder auszuschalten. Soweit er sich eine auf Einzelakteure ausgerichtete Vorstellung von Politik zu eigen machte, deren hauptsächliche Bühne der Staat ist, marginalisierte, ja diskreditierte er Aufstände von unten: soziale Bewegungen, Proteste und experimentelle Alternativen zu zentralisierten, undemokratischen oder ungerechten Institutionen.[1] Umwälzungen wurden stattdessen weitgehend dem Gewinnstreben von Märkten und Technologien sowie politischen Führern und Bewegungen überlassen, die gemeinhin nicht über die Qualitäten verfügten, welche Weber charismatischer Führung zusprach, nämlich Zurückhaltung, Selbstlosigkeit, Verantwortlichkeit und ein Anliegen, das über Reichtum, Macht oder das Selbst hinausgeht.

Die Unterscheidungen, die Weber im Hinblick auf Wissenschaft vornahm und überwachte, beraubten die Sozialwissenschaften auch der intellektuellen Mittel, mit denen sich die aus komplexen Wünschen, Frustrationen, Wunden, Reaktionen, Befürchtungen und Ängsten bestehenden modernen politischen Subjekte ergründen ließen. Dabei kann es sich um Subjekte handeln, die genauso oder sogar stärker von Gemeinheit, Ablehnung, Unterwürfigkeit oder Ressentiment beseelt sind wie bzw. als von Interessen, Glaubensstrukturen oder Prägungen durch bestimmte Arten von Autorität. Webers Bestimmung des akademischen Zwecks nimmt auch vom akademischen Auftrag der Ausbildung einer informierten, politisch engagierten Bürgerschaft als Sachwalterin des politischen Wandels Abstand. Sie lässt eine solche Bürgerschaft in ihrem psychokulturellen Gemisch aus Empfänglichkeit und Ausnutzbarkeit sowie ihrer Fantasievorstellung schmoren, dass die Wahl zwischen unerbittlich herrschenden Mächten auf Freiheit hinausläuft. Auch diesbezüglich unterband Weber akademische Beiträge zu einer postnihilistischen Welterschließung, die in *populären* Kämpfen um reflexiv geschaffene und zudem durch Zurechenbarkeit im Zaum gehaltene Werte wurzelte. Stattdessen besagt sein Regelwerk für die Wissenschaft, dass sich das Hochschulwesen perverserweise in dem Augenblick aus der Welt zurückziehen soll, in dem es sich von der Kirche befreit hat. Die spezialisierten Sozialwissenschaften, die Methoden verpflichtet sind, welche auf Webers Wertfreiheit und Idealtypen gründen, kulminieren heute in mathematischen Modellen und Experimenten, deren auf kleine Gebiete und kurze Zeiträume begrenzte Vorhersagefähigkeit unsere existenziellen Krisen des Zusammenlebens – globale und lokale Krisen in Bezug auf Gleichheit, Demokratie sowie menschliches und planetarisches Gedeihen – nicht zu ergründen vermag. Diese Methoden und Modelle ermutigen nicht zu einer Hinterfragung der herrschenden Diskurse, durch die sich Probleme erkennen und einordnen bzw. Lösungen außerhalb der bestehenden politischen, ökonomischen und sozialen Bedingungen und Ordnung finden ließen. Wie Marcuse Mitte des letzten Jahrhunderts geschrieben hat, stellt eine solche Sozialwissenschaft den Status quo nicht in Frage, sondern besiegelt ihn.[2]

Webers Entgegensetzung von Tatsachen und Werten und seine Behandlung der Letztgenannten als Angelegenheit persönlicher Überzeugungen nimmt außerdem nicht zur Kenntnis, wie Werte durch die spezifischen historischen Rationalitäten und Diskurse, in denen sie wirksam werden, Bedeutungen und Valenzen erlangen und wie andere Zwecke und Projekte sie bei ihrer Aktualisierung transformieren können. Die im politischen Leben keineswegs selbstständig operierenden Werte beruhen nicht bloß auf offener Machtanwendung, wie Weber unterstellt, sondern sind auch in komplexen Machtfeldern anzutreffen. Deswegen sind für die Deutung von Tatsachen und Werten sowohl Genealogien als auch Diskursanalysen unabdingbar und deshalb ist zum Verständnis, wie Werte in der politischen Kultur Gestalt annehmen, das unabdingbar, was Stuart Hall in Anknüpfung an Gramsci als »Konjunkturanalyse« bezeichnet hat. Aus diesem Grund fungieren Normen in der politischen Sphäre nicht als logische Prämissen und Ableitungen (wie in der Philosophie) und deckt sich eine makellos analytische, normative politische Theorie mit keiner einzigen glaubwürdigen Ontologie des Politischen. Und deshalb ist »Originalismus« bei der Rechten wie bei der Linken stets nichts weiter als eine politische Taktik und sind Beschwerden darüber, dass die gegnerische Seite liebgewonnene Ideale vereinnahmt oder als Waffe einsetzt, sowohl naiv als auch ohnmächtig.

Im Prinzip verspricht der Liberalismus zum Beispiel einen universellen und für alle gleichen Schutz der menschlichen Würde und Freiheit. Faktisch wird dieses Versprechen durch die tiefreichende Verzahnung des Liberalismus mit Mächten konterkariert, auf die Klassen, Kasten, Kolonialisierung, Rasse und Geschlecht zugeschnitten sind. In neuerer Zeit wird es durch die stillschweigende Zustimmung zur neoliberalen Iteration von Hierarchie und Ungleichheit und die fremdenfeindlichen Auswüchse ihrer ethnonationalistischen Spielart hintertrieben. Die liberale Auffassung von Freiheit, die außerhalb philosophischer Studierzimmer genauso wenig in reiner Form anzutreffen ist wie sozialistische Gleichheit, ist nicht von der Rechten vereinnahmt oder »als Waffe eingesetzt« worden, um bei Klan-Kundgebungen Meinungsfreiheitsbanner zu schwenken, und auch nicht von Konzernen, um mit ihrer Wirtschaftsmacht die elektorale Demokratie zu beherrschen, oder von organisierten Evangelikalen, um sexuelle und geschlechtliche Gleichheit zu untergraben. Wir haben es dabei zwar mit kalkulierten strategischen Schachzügen zu tun, aber sie liegen nicht außerhalb der Grenzen des Liberalismus. Vielmehr haben sie es sich innerhalb des

Liberalismus bequem gemacht und ziehen Honig aus dessen langjähriger Verleugnung sozialer Mächte und aus der neoliberalen, um einer von traditionaler Sittlichkeit und Märkten bestimmten Gesellschaft willen erfolgenden Absage an eine demokratische Gesetzgebung. Gleichzeitig geben diese Entwicklungen der liberalen politischen Kultur eine spezifische Richtung, die sich immer besser mit politischem Autoritarismus vereinbaren lässt. Genauso wie wir heute eigentlich nicht über Meinungsfreiheit nachdenken können, wenn wir von der Macht sozialer Medien oder aufgebotener sozialer Vormachtstellungen in der Gegenwart absehen, lässt sich unabhängig von den plutokratischen, xenophoben, nationalistischen, autoritären, aber auch durch den Finanzsektor bedingten und neoliberalen antidemokratischen Auswüchsen eigentlich nicht über den Liberalismus im Allgemeinen nachdenken, die ihm Gestalt verleihen und inhaltlich ausfüllen. Während Webers Verständnis, wie Rationalitäten zu Kräften werden und wie Freiheitsinstrumente sich in Herrschaftssysteme verwandeln, einen Beitrag zu dieser Art von Arbeit leistet, werden konjunkturales Denken – quer durch ungleiche Elemente und allem Anschein nach ungleichartige Gebilde hindurch – und genealogisches Denken – das historische Modifikationen von Idealen, Werten oder Prinzipien in der Praxis erfasst – durch Webers epistemologische und ontologische Hygienemaßnahmen und Methoden erschwert.

Dieses Beispiel erinnert uns daran, dass eine postnihilistische Herangehensweise an Werte sowohl in der

Wissenschaft als auch in der Politik mehr verlangt, als mit ihrer Fundamentlosigkeit, mit der Abkopplung der Ziele von den Folgen oder mit ihrer affektiven Besetzung zu rechnen, so wichtig dies alles auch sein mag. Vielmehr machen postnihilistische politische und intellektuelle Praktiken es erforderlich, dass man die Einbettung der politischen und intellektuellen Bemühungen in spezifische Steuerungsformen von Vernunft und Machttechnologien erfasst sowie ihre Überschneidung mit Mächten und Praktiken berücksichtigt, die über diejenigen hinausgehen, auf die wir gerade unser Augenmerk richten. Das heißt sie verlangen, dass man sich mit der Konturierung solcher Unternehmungen durch kontextabhängige Elemente befasst, die kein ausdrücklicher Teil von deren Vokabular oder Ziel sind. Was Weber mit seiner Auffassung vom politischen Leben als einem Feld der Tat, Kontingenz und unbeabsichtigten Folgen und mit seiner Entwicklung einer diesem Feld angemessenen Verantwortungsethik festzuhalten versuchte, müssen wir auch für die politische Theorie und Gesellschaftstheorie geltend machen. Wenn Politik nicht der richtige Ort für die Entfaltung reiner Prinzipien ist, solange diese Entfaltung die Aktualisierung der Prinzipien durch über sie hinausgehende historische Entwicklungen, Mächte und Handlungsfolgen nicht zur Kenntnis nimmt, dann gilt das Gleiche für das Denken und die Analysen in der Politikwissenschaft.

Weber hat sicherlich recht, dass der Lehrkörper verpflichtet ist, den Studierenden Tatsachen zu vermitteln, einschließlich der von ihm so genannten »unbequemen

Tatsachen«, die allgemein anerkannte Narrative oder tiefe Überzeugungen in Frage stellen. Doch auch Faktizität sollte auf dem Lehrplan der Studierenden stehen, das heißt, wie es zu Tatsachen kommt und wie sie als Tatsachen Legitimität erlangen. Wir müssen die Studierenden mit den komplexen Verfahren und wettstreitenden Theorien vertraut machen, wie Tatsachen entstehen und zu deuten sind, mit ihren unentrinnbar historischen, sozialen, diskursiven und hermeneutischen Dimensionen sowie damit, dass sie sich nicht voneinander isolieren lassen und an sich keine Bedeutung haben. Was könnte in einer Zeit, in der im Hinblick auf Tatsachen, Wissenschaft und Wahrheit so viel Verwirrung und Doppelzüngigkeit herrscht, wichtiger sein, als gemeinsam mit den Studierenden zu erkunden, wie diese Dinge beschaffen sind, gewährleistet werden, an Beständigkeit verlieren oder überflüssig werden? Die diesbezüglichen menschlichen Schöpfungen und Konventionen zu verstehen, ist keineswegs gefährlich, sondern ein zentraler Bestandteil staatsbürgerlicher Bildung und genauso der Ausbildung zukünftiger Wissenschaftler:innen.

Ebenfalls zu Recht beharrt Weber auf der Pflicht der Lehrkräfte, den Studierenden zu einem Verständnis davon zu verhelfen, warum kein Wertesystem jemals wahr ist, doch warum eine solche Situation keineswegs das Ende von Analyse und Urteilskraft einläutet oder uns in Relativismus abgleiten lässt, sondern die Wichtigkeit, ja Dringlichkeit erhöht, Werte zu überprüfen und über sie zu entscheiden: was befürwortet werden kann, was abzulehnen ist, was man versuchen soll, in der Welt zu bewirken. Gleichzeitig erhöht sie die Wichtigkeit, die dem Verstehen der komplexen Quellen der Entstehung von Werten, der Bindung an Werte, des Werteschwunds und des daraus folgenden Nihilismus zukommt. Und es wird auch wichtiger zu verstehen, warum Werte in der heutigen Zeit gleichzeitig auf so erbitterte wie schrille Weise zu Komplexen verwoben werden.

Weber hat ebenfalls recht, einen besonnenen und umsichtigen Umgang mit den eigenen politischen Ansichten sowie Zurückhaltung, sie im Hörsaal vorzutragen, zu verlangen, auch wenn dem nicht in dem von ihm geforderten Maße nachgekommen werden kann, weil es von Kant bis zur Evolution, vom Klimawandel bis zum Völkermord, von der Geschlechtergleichheit bis zur Verfassung keine Tatsachen oder Texte gibt, die nicht auf irgendeine Weise interpretiert wurden. Auch solche Interpretationen sind kulturell und historisch, nicht bloß subjektiv, und werden in der Sprache durch Welterschließung und Weltverschließung, Kontextualisierung oder Betonung eingeübt. Wir verfügen über viele Maßstäbe für Beweiskraft, stichhaltige Argumente und Zurechenbarkeit, um sie zu sichten, nicht aber um sie abschließend zu klären. Außerdem macht Weber sich zu Recht Gedanken darüber, dass im Hörsaal die Unterweisung der Studierenden in Forschen und Denken durch Persönlichkeit ersetzt wird, obwohl Persönlichkeit nicht auf Befehl Gestalt annimmt oder verschwindet und es natürlich nicht möglich ist, sie vollständig zu unterdrücken. An dieser Stelle könnte Sokrates eine sinnvolle Ergänzung bilden. Anstatt das persönliche Charisma der

Lehrkraft bzw. das, was Sokrates als die erotische Übertragung bezeichnete, die im Studierenden den Wunsch nach Weisheit weckte, mit einem Bannspruch zu belegen, legte Sokrates genau die ethische Zurückhaltung und Verantwortlichkeit an den Tag, die Weber fürs politische Handeln vorschwebte. Und abermals werden Webers scharfe Grenzen zwischen den beiden Sphären fließend. Die Verdienste der akademischen Spezialisierung sieht Weber ebenso richtig wie ihre Unvermeidbarkeit, doch heute erkennen wir den Wert, den es hat, das Wissen aus einigen der disziplinären Bunker und methodologischen Abriegelungen zu befreien, die es organisieren, ohne dass der Wert wissenschaftlicher Disziplin als solcher Schaden nimmt.

Trotz alledem haben wir nicht bloß so viel Zeit auf Weber verwandt, um ihn zu korrigieren. Das wäre eine seltsame, ja sogar alberne akademische Übung. Wie ich in der Einleitung angedeutet habe, könnte er uns helfen, unser Schiff wieder auf Kurs zu bringen, oder uns zumindest etwas Hilfestellung dabei leisten, es durch die Stürme hindurchzusteuern. Sein Eingeständnis, dass Wissenschaft und Politik mitnichten unabhängig voneinander sind, erinnert uns zum Beispiel an die vielen Gründe, warum zwischen der politischen (und politisch-ökonomischen) und der akademischen Sphäre ein Abstand gewahrt werden und wir sie weder miteinander verwechseln noch vermischen sollten. Intellektuelle Analyse, Entdeckungen, Kritik und Reflexion sind etwas grundlegend Anderes als politisches Handeln, Gesetzgebung und politische Aussprüche: Sie rufen unterschiedliche

Themen und Subjektivitäten auf den Plan, sie bedienen sich unterschiedlicher Sprachen, Zeitvorstellungen, Ziele und Ethosformen. Die Verwirklichung ihres Potenzials stellt sie vor unterschiedliche Anforderungen. Aus diesem Grund sollten Forderungen nach einem Lehrplan, der *irgendeinem* – rechten oder linken, säkularen oder religiösen – politischen Programm entspricht, aus dem Grund eine Absage erteilt werden, dass eine solche Vermengung beide Sphären korrumpiert. Zusätzlich dazu, dass politische Agenden und Botschaften aus den Lehrplänen herausgehalten werden, muss die Wissenschaft heute vor ihrer Vereinnahmung oder ihrem Aufkauf durch die Mächtigen geschützt werden, die nur ihre kommerziellen Anwendungen oder Ausbildungsfunktion wertschätzen, und vor ihrer Entwertung durch Demokratiegegner, die darauf aus sind, die Massen dumm und manipulierbar zu halten. Einer der denkwürdigsten Momente von Trumps Präsidentschaftskampagne 2016 war sein spontaner Ausruf, dass er schlecht ausgebildete Menschen liebe: »I love the poorly educated!«[3]

Auch wenn Weber die Gegensätzlichkeit und den Abstand zwischen Universitäten und Politik übertrieb, sehen wir mit seiner Hilfe, inwiefern das, was beide versprechen, im Zeitalter des nihilistischen Einreißens aller Grenzen gefährdet ist. Der Erhalt des Reichs der Wissenschaft um der relativen Autonomie und Integrität des Denkens, ja um des Denkens selbst willen heißt, sich sowohl der Hyperpolitisierung des Wissens als auch seiner Strukturierung durch politisch-ökonomische Abhängigkeitsbeziehungen staatlicher, ökonomischer oder philanthropischer Art zu erwehren. Der Erhalt des Reichs des Politischen um des Kampfes um Werte willen heißt, sich neben den Versuchungen sowohl von Machtpolitik als auch von Tugendpolitik der Rationalisierung zu erwehren. Angesichts der nihilistischen Abwertung der Werte ist eine Wiederherstellung ihres Werts erforderlich. Der Kampf gegen den Nihilismus ist ausschlaggebend für beide Bereiche, doch wenn man sie miteinander vermengt, ist die Schlacht von vornherein verloren.

Selbst wenn die Welt sich also in einem Ausnahmezustand befände und wir alle Wissenschaftler:innen an Deck gebrauchen könnten, ist es unerlässlich, dass ein Graben zwischen dem akademischen und dem politischen Leben verläuft. Dieser Graben ist entscheidend für den Schutz von Reflexion, Imagination und Zurechenbarkeit im Zuge der Wissensproduktion und -verbreitung.[4] Er ist unverzichtbar, wenn man ein Verständnis und eine Praxis von Faktizität vor der vom Nihilismus hervorgerufenen Gleichgültigkeit ihr gegenüber schützen will, welche der Komplexität der Wissensbildung treu bleiben. Er unterscheidet den Ort, an dem um Werte gerungen wird, von dem Ort, an dem sie hinterfragt und analysiert, in Zweifel gezogen, in Einzelteile zerlegt und überdacht werden können. Mit anderen Worten unterscheidet er, wie Stuart Hall die Frage nuanciert hat, als er den Unterschied zwischen Theorie und Politik erörterte, das theoretische Gebiet, auf dem wir die Konstruktion von Tatsachen überprüfen, Narrative analysieren und die damit einhergehenden Sinnverschiebungen erkunden, von der Bühne des Politischen, auf der wir hegemonische Narrative zu errichten und Sinnverschiebungen zum Stillstand zu bringen bemüht sind. Dass Unterkunft ein Menschenrecht ist, Bäume einen Stellenwert haben, kein Mensch illegal ist und Wissenschaft real, der Karzeralstaat abgeschafft werden muss, dieses Land gestohlen wurde und Liebe eine Familie ausmacht: Mitten im politischen Kampf können solche Behauptungen keiner Feinanalyse unterzogen werden, doch gemeinsam mit ihrer Anzweiflung müssen sie in akademischen Analysen und im Hörsaal aufgegriffen und hinterfragt werden.

Gewiss können wissenschaftliche, darunter auch theoretische und kritische Arbeiten die politischen Kämpfe beeinflussen und für die Entfaltung ihres Potenzials hilfreich sein oder ihre Schwächen beleuchten. Die Komplexität von Konsens, Autonomie und Wahlmöglichkeit; die fragwürdige Semiotik von Korporationen und Personenschaft; die Komplexität von Souveränitätsansprüchen; die doppelbödige Funktionsweise von Menschenrechten; die Versäumnisse und Aporien der konstitutionellen Demokratie; die Unbeständigkeit rassischer und geschlechtlicher Identitäten: Die Betrachtung solcher Fragen kann zum Hochziehen von politischen Projekten und zur Verfeinerung politischer Positionen beitragen. Aber das heißt nicht, dass sie mitten in politischen Kampagnen ventiliert werden können oder mit ihnen verwechselt werden sollten. Genauso wie ernsthafte geistige Arbeit durch nichts in einem solchen Maße untergraben wird wie durch ihre Steuerung durch ein politisches Programm (ob nun von Staaten, Korporationen oder einer revolutionären Bewegung), ist nichts so ungeeignet für eine politische Kampagne wie die nicht endende, für wissenschaftliche Forschung benötigte Reflexivität, Kritik und Selbstkorrektur. Dabei geht es nicht darum, dass man »den Wald vor lauter Bäumen« nicht sieht, sondern um die tiefreichenden Unterschiede zwischen der Sphäre, in der durch die Freisetzung von Sinn und Komplexität Wissen erlangt wird, und der Sphäre, in der durch Sinnfestlegung und Komplexitätsreduktion ein politisches Ziel verwirklicht wird. Wissenschaftler:innen und Studierende müssen ein produktives Aufbrechen ihrer Vermutungen und Axiome zulassen und bereit sein, hin und wieder Unsicherheit, ja sogar Verwirrung zu empfinden. Politische Akteure müssen dagegen standhaft, fokussiert und wehrhaft in Bezug auf ihre Zwecke sein. Keine der beiden Tätigkeiten sollte für ihre Unanwendbarkeit auf die jeweils andere gescholten (wie es diejenigen häufig tun, die Intellektualismus ablehnen) oder dem Geist und den Anforderungen der anderen unterworfen werden.

Dies ist keine Steilvorlage für eine Arkanwissenschaft oder Denker:innen im Elfenbeinturm, die der Welt, in der wir leben, keine Rechenschaft schuldig zu sein meinen oder ihr gleichgültig gegenüberstehen. Vielmehr will ich ganz einfach darauf hinaus, dass Webers Unterscheidung zwischen einem Streben nach Werten, das als Sache oder Anliegen kodifiziert ist, und der unablässigen intellektuellen Unterprüfung von Werten letztendlich viel wichtiger ist als seine zwischen akademischem und politischem Leben differenzierende Tatsachen-Wert-Unterscheidung. Die erste Unterscheidung könnte sogar zur

Auflösung der zweiten beitragen, insofern Webers eigene strenge Kodifizierung von Epistemologie und Methode nach eigenem Bekunden für Einsprüche und damit fürs Auftauchen von Werten bei der Wissensproduktion zugänglich sein muss.

Natürlich sind Beziehungen zwischen dem akademischen und dem politischen Reich genauso wichtig wie der oben erörterte, sie trennende Korridor. Dies gilt besonders für die Demokratie, die eine ungebildete Bürgerschaft nicht überleben würde. Die Aushöhlung des Zugangs zur und der Qualität der öffentlichen höheren Bildung gehört nämlich genauso wie die Abqualifizierung von Collegebesuchen, die nicht der Berufsausbildung dienen, zu den nicht ausreichend beachteten, vereinten neoliberalen und rechtsgerichteten Angriffsstrategien auf die Demokratie in den letzten 40 Jahren. In einer Abwärtsspirale vermindert der die Bildung diskreditierende Antiintellektualismus die Fähigkeit zu demokratischer Bürgerschaft und macht die Bürger:innen manipulierbar. Zusätzlich haben akademische Spezialisierung und Professionalisierung, die Ersetzung der öffentlichen durch private Forschungsförderung sowie der neoliberale Druck auf die Universitäten bezüglich unmittelbarer Marktgängigkeit gemeinsam die Forschung und Lehre in ebendem Augenblick von den öffentlichen, weltlichen Zwecken abgebracht, in dem die Krisen unserer Zeit das Gegenteil verlangten.

Angesichts dieser neuen historischen Entwicklungen könnte es sein, dass wir zuletzt zu sehr in Probleme der akademischen Freiheit vertieft gewesen sind und Fragen der wissenschaftlichen Verantwortung zu wenig Aufmerksamkeit geschenkt haben. Die Erstgenannten sind nicht auf die leichte Schulter zu nehmen, insbesondere in Anbetracht der massiven, rechtsgerichteten Kampagnen für eine Reglementierung der Lehrpläne und der Pädagogik. Doch könnten die Letztgenannten vielleicht auf profundere und weltzugewandtere Weise auf unsere gefährdete kollektive Zukunft abheben. Möglicherweise ist die wichtigste Frage, vor der die Professorenschaft heute steht, nicht, was wir innerhalb und außerhalb des Hörsaals zu sagen und zu tun berechtigt sind, sondern welche Lehrpläne und Pädagogiken in diesen Zeiten zur Bildung und Handlungsermächtigung der Bürgerschaft beitragen. Wie können wir in der kurzen und stressigen Zeitspanne einer College-Ausbildung besonders dann sachkundige und nachdenkliche Bürger:innen heranziehen, wenn heute so viele andere Ansprüche an Studierende gestellt werden. Sollen wir die sich den meisten Studierenden an der Universität bietende große Bandbreite an möglichen, von ihnen aber gemiedenen Studieninhalten überdenken? Welche pädagogischen Strategien, Texte, Themen und Diskussionen könnten hilfreich sein, um der reaktiven Personalpolitik eine andere Richtung zu geben, welche die heutigen Studierenden ausbaden müssen, und um einen Abwägungsprozess bezüglich der großflächigen ökonomischen, politischen, sozialen und ökologischen, die Gegenwart und nahe Zukunft einbeziehenden Kräfte und Pfade in Gang zu bringen? Wie können wir die Einbunkerung, Professionalisierung und Instrumentalisierung der Wissenschaft unterbrechen, die einen zu großen Teil des akademischen Wissens weltfremd macht? Und wie können wir den Studierenden, dem Lehrkörper und der Verwaltung gleichermaßen dabei helfen, aus dem Vertieftsein in die Vergrößerung des persönlichen und institutionellen Kapitals herauszukommen, das dafür sorgt, dass sie treu an der besagten Einbunkerung, Professionalisierung und Instrumentalisierung festhalten?

Wesentlich für diese Art von Arbeit ist, dass man sich Werten im Hörsaal entschieden zu- und nicht etwa von ihnen abwendet. Damit meine ich keine Verkündung von Werten. Hörsäle sind eher Orte, an denen Werte als etwas untersucht werden können, das mehr ist als eine Meinung, Ideologie, Partei oder religiöse Gefolgschaft, aber auch mehr als eine Ablenkung vom Empirischen, Technischen, Instrumentellen oder Praktischen. An diesem Ort lassen sie sich zu Weltanschauungen vertiefen (oder man erkennt, dass sie einer solchen Möglichkeit nicht gerecht werden), sie können historisch und theoretisch analysiert sowie im Kontext spezifischer Mächte betrachtet werden, die sie aufbieten und auf wundersame Weise verwandeln. Hier können sie genealogisch, kulturell, ökonomisch und psychisch durchleuchtet werden – zum Beispiel als komplexe Reaktionsbildungen oder theologische Rückstände. Hier können sie auch in Mächten entdeckt werden, die sie nicht wahrhaben wollen oder sich ihnen ob nun auf technokratische Weise, durch Algorithmen, auf Märkten oder in Gerichten mit vorgespielter Neutralität oder Objektivität widmen. Vor allem aber können verantwortungsvolle Lehrkräfte ihnen hier einen Rahmen geben, in dem sie ohne Fundamente auskommen, aber doch überaus wichtig sowohl für die Erfassung der als auch für die Reaktion auf die mannigfaltigen Krisen unserer Zeit sind. Eine solche Herangehensweise an Werte würde einen entscheidenden Gegenschlag gegen ein nihilistisches Zeitalter darstellen, das Werte bagatellisiert und instrumentalisiert; gegen ein politisches Zeitalter, in dem sie weitgehend als von religiösen Fanatikern bei der Rechten monopolisiert und bei der Linken als säkulare Rechtschaffenheit wahrgenommen werden; gegen ein kapitalistisches Zeitalter, das sie aufbietet, um Marktanteile zu erhöhen; gegen ein technokratisches Zeitalter, das sie unter Plattformen und Apps begräbt; und gegen ein säkulares liberales Zeitalter, in dem sie personalisiert und individualisiert werden. Die Untersuchung von Werten wieder ins Zentrum der höheren Bildung zu rücken, würde auch dem ständigen Druck insbesondere auf die öffentlichen Universitäten entgegenwirken, der Berufsausbildung und deshalb vor allem anderen den MINT-Fächern einen höheren Stellenwert einzuräumen, was den wichtigsten verbleibenden Ort für tiefgründige und sachkundige Erwägungen über die Welt ernsthaft gefährden würde und zu keinem schlechteren historischen Zeitpunkt hätte aufkommen können.

Weber machte sich Gedanken, dass Streitereien im Hörsaal die Bedingungen für objektive Lehre und sorgfältige Abwägungen zerstören würden, doch heute bestehen darin kaum die ernsthaftesten Gefährdungen von Integrität im Hörsaal. Trotz des Aufhebens, den die

Rechte und die Mainstream-Medien darum machen, sind auch Probleme wie Triggern, Zensur oder Silencing nicht wirklich weit verbreitet oder wichtig, ganz besonders nicht außerhalb der kleinen Welt von Elite-Institutionen. Was der intellektuellen Ernsthaftigkeit unter Studierenden im Alltag viel eher zusetzt, ist ihre Übernahme der kulturellen und politischen Entwertung des intellektuellen Lebens in Kombination mit ihrer individuellen Zukunftsangst, die sich häufig in einer übermäßigen Beschäftigung mit Bewertungskriterien und -techniken äußert, um die Anforderungen mit möglichst geringem Aufwand zu erfüllen.[5] Ebenfalls eine Rolle spielen die niederschmetternden Auswirkungen eines beispiellos gespaltenen Bewusstseins, welche die heute an einer Universität Studierenden zu verkraften haben. Auf der einen Seite haben die meisten von ihnen das neoliberale Gebot verinnerlicht, jede einzelne ausbildungsbezogene, soziale, bürgerschaftliche und persönliche Investition einzukalkulieren und ein Mischungsverhältnis für sie zu finden, wodurch sie sich unablässig um den Wert ihres Humankapitals kümmern, um ihre individuellen Zukunftsaussichten auszubauen. Auf der anderen Seite sind die meisten von ihnen in Anbetracht der sich auf der ganzen Welt abzeichnenden ökologischen, politischen und ökonomischen Katastrophen alarmiert, die es wahrscheinlich machen, dass die Tage der Welt, in der sie sich um diesen ihren Wert kümmern, in diesem Universum gezählt sind.[6] Keine Generation hat jemals ihrer eigenen kollektiven Zukunftslosigkeit so direkt ins Auge gesehen, während sie dabei ist, für die Sicherung ihrer persönlichen und unmittelbaren Zukunft so hohe und komplexe Anforderungen zu bewältigen. Eine solche Zwangslage, die über »grausamen Optimismus« hinausgeht, ist vielen jungen Gemütern zu viel, von denen im Wesentlichen verlangt wird, dass sie mit eingezogenen Köpfen einen unternehmerischen Fuß vor den anderen setzen, als würden sie nicht direkt auf eine Katastrophe zusteuern. Arbeite an deinem Lebenslauf, pflege deine Netzwerke, finde einen Partner …, aber spare auch für ein unerschwingliches Heim sowie einen unwahrscheinlichen Ruhestand und plane das Ende der Demokratie sowie einen unbewohnbaren Planeten mit ein. Wie wir in gewissem Grade alle, befinden sich die meisten jungen Menschen im Modus eines präapokalyptischen Überlebenskampf.

Eine Möglichkeit, wie wir mit dieser Zwangslage umgehen können, besteht darin, sie einzugestehen und mit gezielt postnihilistischen Fragen an unsere Studierenden zu durchbrechen:

»In welcher Welt möchten Sie leben?«

»Welche Maßnahmen sollten bzw. könnten die Menschen angesichts des jetzigen welthistorischen Stands der Dinge in Bezug auf unser Gemeinschaftsgefüge ergreifen?«

»Nach welchem Werteschema sollte sich unser Leben gestalten: Nachhaltigkeit? Freiheit? (Welcher Art?) Wechselseitige Toleranz bzw. Anerkennung von Unterschieden? Gleichheit? (Welcher Art?) Sinnvolle Arbeit oder Abschaffung von Arbeit? Schutz oder Abbau von Religion? Weltweite Institutionen oder lokale?«

»Inwiefern haben die von Menschen geschaffenen und entfesselten Mächte und Technologien spezifische Weisen des Menschseins sowie des Bewohnens und Zerstörens des Planeten hervorgebracht? Wie können wir der mit der augenblicklichen Sachlage zusammenhängenden Furcht und Verzweiflung die Stirn bieten, ohne von ihnen zermürbt zu werden? Was müssen wir wissen und bedenken, das heißt studieren, damit wir diese und ähnliche Fragen auf profunde und wohlüberlegte Weise ansprechen können?«

Für die Einrahmung solcher Fragen sind empirische Analysen (welche Ordnung die Dinge aufweisen und wie sie heute funktionieren) genauso maßgeblich wie historische und materielle Analysen (welche Kräfte haben uns in diese Lage gebracht und welche Mächte organisieren sie?). Um sie weiterzuentwickeln und komplexer zu machen, sind Psychologie, Soziologie und politische Ökonomie von großer Bedeutung. Damit man sie ansprechen kann, sind literarische, theoretische, philosophische, künstlcrische und weitere Wiedergabe- und Interpretationsweisen der Welt unerlässlich, ebenso ein Grundverständnis der Naturwissenschaften, von Technologie und Wissenschaftstheorie. Im Grunde genommen gibt es so gut wie keinen Teil des Universitätscurriculums, der nicht in diesen Fragen zum Tragen kommen könnte, obwohl die berufsbildenden Schulen und vorberuflichen Bildungswege am meisten Hilfe und Ermunterung benötigen dürften, damit sie sich dieser Fragen annehmen.

Natürlich ist nicht zu erwarten, dass die Studierenden diese Art von Fragen beantworten, sie sollten eher angespornt werden, sie zu stellen, und bei ihrer Erkundung Unterstützung erfahren. Unsere Pädagogik sollte auf die Beleuchtung dessen ausgerichtet sein, was ihre Weiterentwicklung und Vertiefung mit sich bringt, woran sich intelligente Weisen, sie anzusprechen, festmachen und wie sich diese anregen lassen, und worin ihre Relevanz für die Krisen des Sinns, wirksamer Handlungsmacht und der Zukünftigkeit besteht, welche die meisten jungen Menschen durchmachen. Auf diese Weise würden wir nicht nur die studentischen Ängste thematisieren, anstatt sie dem am College immer größer werdenden beratenden Gewerbe zu überantworten, sondern die Studierenden mit grundlegenden Praktiken umsichtiger Staatsbürgerschaft vertraut machen. Zusätzlich zu dem für das Verstehen der Welt erforderlichen konkreten Wissen, das wir ihnen anbieten, würden wir sie lehren, was es bedeutet, wenn man zu tiefgründigen und durchdachten Wertpositionen gelangt, die für die sinnvolle Gestaltung ihres eigenen Lebens, für intelligente demokratische Teilhabe und dafür unverzichtbar sind, dass man die als alternativlos empfundene Verinnerlichung der bestehenden Ordnung vorherrschender oder oberflächlicher und hyperpolarisierter Werte vermeidet. Genauso wichtig ist, dass eine solche Ausrichtung eines Teils unserer Lehrpläne und unserer Lehre dem politisierten Hochschulwesen von heute einen Teil seiner Schrillheit und relativen Anti-Intellektualität nehmen und stattdessen produktivere und intellektuellere Praktiken bieten könnte, akademisches und politisches Leben zu verbinden. Eine solche Anstrengung entspricht Webers Eintreten für die Schaffung von »Klarheit und Verantwortungsgefühl« unter den Studierenden, und sie würde zwei Dinge erreichen, die sein Programm nicht zuwege bringt: Erstens bemüht sie sich, die Studierenden weltzugewandter zu machen, und ermuntert sie, sich auf die Welt einzulassen, wie sie sie vorfinden und wie sie sie sich anders vorstellen könnten; zweitens behandelt sie Werte als unwiderrufliche Bestandteile des Lernens über die Welt, wie sie ist, das heißt als in das eingebettet, was Weber als Welt der Tatsachen betrachtete. In beiden Hinsichten würde dem Positivismus so dauerhaft Einhalt geboten.

Deutlich geworden sein sollte, dass dies kein Argument dafür ist, die Frage, was zu tun ist, in den Mittelpunkt der College-Curricula zu stellen. Es ist auch kein Mandat dafür, im Seminarraum »alle Standpunkte zu tolerieren«, was eine vermessene Vorstellung ist, die den Rang von Werten eher verringert als erhöht, insofern sie »Standpunkte« wie Eigentum als persönlichen Besitz betrachtet und weniger als Weltanschauungen, die mit Macht verbunden sind. Die Weiterentwicklung von Webers Loblied auf die Ersetzung solch einer Duldung durch die furchtlose Überprüfung und damit gewissermaßen eine Entpersonalisierung der Werte würde heute einschließen, den Studierenden zu der Einsicht zu verhelfen, warum stark personalisierte Gerechtigkeitsansprüche und nachgerade auf den Leib geschriebene Werte gleichzeitig Auswirkungen des Neoliberalismus und Anzeichen für einen nihilistischen Weltverlust sowie eine Krise des Begehrens sind. Diese Dinge verlangen eine umsichtige und mitfühlende Offenlegung, wenn wir die Neugier der Studierenden auf das Verstehen der Quellen und Implikationen ihrer politischen Forderungen und ihr Interesse an anderen politischen Denkweisen, Identitäten und Zwecken wecken wollen.

Eine furchtlose, kritische Analyse von Werten, die Berücksichtigung der für ihre intelligente Ausgestaltung erforderlichen Kenntnisse und die Ermittlung ihrer Bedeutung für individuelle und kollektive Freiheit sowie Zukünftigkeit sind kaum die Prinzipien, nach denen ein Großteil der Universitätscurricula heute entworfen werden. Abgesehen vom Druck aus jeder Ecke, bis auf die Elite-Institutionen alle Einrichtungen in berufsorientierte Bahnen zu lenken, lassen die vermeintlich normfreien Methoden des sozialwissenschaftlichen Mainstreams, der Werte wie illegale Fremdlinge behandelt, solche Anliegen und Ansätze in der sozialwissenschaftlichen Lehre und Ausbildung alles andere als ratsam erscheinen. Verschlimmert wird dies noch durch die meisten Untersuchungsansätze des sozialen und politischen Verhaltens sowie in der Mainstream-Philosophie, in der Werte tendenziell auf Normen, Normen auf Meinungen und Meinungen auf nachprüfbare Standpunkte reduziert werden.[7] Die Studierenden selbst erwarten mittlerweile von den Lehrkräften, dass sie (zunehmend in Stichpunkten) »Informationen« liefern, weit ausholende, nicht beantwortbare Fragen im Unterrichtsraum machen sie sofort nervös. »Voreingenommenheiten« von Seiten der Dozent:innen werden eher eng als unverblümte politische Äußerungen aufgefasst, die Art, wie Tatsachen interpretiert werden, die Methodenpolitik, der Umgang mit

Theorie und vieles andere mehr fallen nicht in diesen engen Rahmen. In all diesen Hinsichten ist die von mir vorgeschlagene Mission einer Neuausrichtung der geistes- und sozialwissenschaftlichen Lehrpläne in ihrem Anrennen gegen die derzeitigen, die Kultur der höheren Bildung prägenden Kräfte revolutionär. Und doch ist sie vom alten konservativen Weber inspiriert.

Was Weber als »Werte« bezeichnet, sind Insignien menschlicher Tiefgründigkeit und Leistungsfähigkeit, die zum einen aus dem hervorgehen, was er unser »innere[s] Leben« nennt, zum anderen aber Visionen nach sich ziehen, die als Leitstern für unser Zusammenleben fungieren. In dieser Kombination geben sie etwas Einzigartiges in Bezug auf unsere Spezies zu erkennen, nämlich ihr Potenzial, die Welt im Einklang mit unserem Wissen und unserem Glauben zu gestalten. Dass eine Umsetzung dieser Visionen möglich ist, wird besonders durch moderne Kräfte in Frage gestellt, die unser Vermögen, das Zusammenleben zu gestalten, verringern: durch die riesigen Herrschaftsapparate, die Weber im Kapitalismus und in der Bürokratie ausmacht und heute um digitale Technologien und Finanzwesen ergänzt werden müssen. Eine solche Verringerung ist eine eklatante Form von Unfreiheit; dass wir sie hinnehmen, ein wesentlicher Strang des Nihilismus. Werte auszubilden und das Ringen um Werte in den Mittelpunkt des politischen Lebens zu stellen, ist für sich schon eine Alternative zur Herrschaft jener nicht von uns gewählten Herrschaftssysteme, reiner Machtmenschen oder Technokraten. In dieser Hinsicht straft Webers Beharren, dass der Kampf der Götter ein fester Bestandteil des politischen Lebens ist, nicht bloß jene Naivlinge Lügen, die sich für die Zeit nach der Revolution ein Leben in Einigkeit und Harmonie ausmalen. Es steht auch für einen antinihilistischen Konter gegen Schmitts berühmt-berüchtigte Gleichsetzung des politischen Kampfes mit der Freund-Feind-Unterscheidung, gegen Lenins Reduktion von Politik auf »Wer-Wen« (wer wen besiegen wird) und gegen die klassische realistische Position, dass Politik objektiven, in einer hypostasierten menschlichen Natur wurzelnden Gesetzen gehorcht. Webers Einschätzung, dass Werten Kreativität innewohnt und Politik das Gebiet ist, auf dem um Werte gerungen wird, hatte seine Ablehnung von Kants Bemühungen, Werte auf moralische Universalien zu gründen, von Marx' Bemühungen, sie in den dialektischen Materialismus einzubetten, von Nietzsches Bemühungen, große Einzelpersönlichkeiten nach dem Nihilismus mit ihrer Rettung zu betrauen, und von dem zur Folge, was zur neoliberalen Unterwerfung der Werte unter selbsttätige Marktvorgaben und moralischen Traditionalismus werden sollte.

Doch trotz seiner Ablehnung von neuen – ob nun rationalistischen, naturalistischen, theologischen oder neoaristokratischen – Fundamenten für Werte suchte Weber nach Wegen, Werte für das Denken nachvollziehbar zu machen und ihre Umsetzung an verantwortungsvolles Handeln zu binden. Ungeachtet der offenkundigen Grenzen seiner Beschreibung der Art von Gesellschaftstheorie und politischer Theorie, die nötig ist, um unsere derzeitige Lage zu begreifen, und der gesellschaftlichen und politischen Praktiken, die erforderlich sind, um in dieser Situation neue Möglichkeiten zu schaffen, wusste er, dass eine Wiederbelebung des Werts von Werten inmitten ihrer nihilistischen Schwächung oder Zerstörung in zweifacher Hinsicht ein neuerliches Bekenntnis zu unserem Menschsein nach sich zieht. Werte tragen unser eindeutig politisches Vermögen, die Welt nach von uns ausgewählten Zwecken zu gestalten, in sich, wenn dieses Vermögen durch Kräfte nahezu ausgelöscht worden zu sein scheint, die über unsere Leben und Zukunft bestimmen und sie oft auch gefährden. Außerdem bedeutet solch ein neuerliches Bekenntnis, dass wir den rein menschlichen Ursprung von Werten und unsere in sich komplexe menschliche – intellektuelle, emotionale, psychische, kulturelle und historische – Bindung an sie akzeptieren. Weit entfernt von dem Nihilismus, den manche einer solchen Akzeptanz zuschreiben, birgt nur sie allein das Versprechen seiner Überwindung.

Dank

Ich bin dem Auswahlkomitee der Yale University Tanner Lectures und insbesondere Gary Tomlinson für die Einladung dankbar, diese Vorlesungen im Jahr 2019 zu halten. In Yale verwickelten Paul North und Kathryn Lofton mich im Anschluss an diese Vorlesungen in eine außergewöhnlich ergiebige und anspruchsvolle öffentliche Diskussion. Für ihre kritische Auseinandersetzung mit einem Teil dieser Arbeit, als ich drei Jahre später auf sie zurückkam, danke ich William Callison, Jill Frank, Robyn Marasco, Matthew Shafer, Alicia Steinmetz und Yves Winter. Ein vom Verlag bestellter anonymer Gutachter machte etliche ausgezeichnete Vorschläge, durch die das Buch besser wurde. Für ihre großzügige und sorgfältige Arbeit an der Endfassung bin ich Judith Butler und Brian Judge zutiefst dankbar.

Anmerkungen

Einleitung

1 The University of Utah, Tanner Humanities Center, »Tanner Lectures Overview: The Lectures«, o.D., (https://tannerlectures.utah.edu/overview/lectures.php).

2 Viele Wissensfelder haben zu diesem Umbruch beigetragen, darunter die kritische Wissenschaftsgeschichte, Ökologie, feministische Theorie sowie *post-colonial* und *critical race studies*. Derridas kritische Arbeiten über die Funktionsweise von binären Gegensätzen und Foucaults Werke über Diskurs und Rationalität waren ebenfalls maßgeblich an diesen tektonischen Verschiebungen der Verständnisweisen beteiligt.

3 Max Weber, »Politik als Beruf« (1919), in: *Studienausgabe der Max Weber-Gesamtausgabe,* Bd. I / 17, Tübingen: J.C.B. Mohr (Paul Siebeck), 1994, S. 35-88, hier 87.

4 William Callison, »The Politics of Rationality in Early Neoliberalism. Max Weber, Ludwig von Mises, and the Socialist Calculation Debate«, in: *Journal of the History of Ideas* 83, Nr. 2 (2022), S. 269-291.

5 Robert Eden, *Political Leadership and Nihilism. A Study of Weber and Nietzsche,* Gainesville: University Presses of Florida, 1984, S. 1.

6 Max Weber, »Die ›Objektivität‹ sozialwissenschaftlicher und sozialpolitischer Erkenntnis«, in: ders., *Gesammelte Aufsätze zur Wissenschaftslehre,* Tübingen: J.C.B. Mohr (Paul Siebeck), [3]1968, S. 146-214, hier 157 f.

7 Eden, *Political Leadership.*

8 Ebd., S. 188.

9 In den Vereinigten Staaten von heute sind Bernie Sanders, Alexandra Ocasio-Cortez und Stacy Abrams Beispiele für jüngere »heroische« Führer:innen bei der Linken.

10 Über Weber im Zusammenhang mit der Krise des Liberalismus in Deutschland, vgl. zusätzlich zu Eden, *Political Leadership*, David Beetham, »Max Weber and the Liberal Political Tradition«, in: *Archives Européennes de Sociologie / European Journal of Sociology* 30, Nr. 2 (1989), S. 311-323.

11 Wendy Brown, *In the Ruins of Neoliberalism*, New York: Columbia University Press, 2019, bes. Kap. 5.

12 Friedrich Nietzsche, »Nachgelassene Fragmente (Herbst 1885 bis Herbst 1887)«, in: ders.: *Sämtliche Werke. Kritische Studienausgabe in 15 Bänden.* Hrsg. v. Giorgio Colli und Mazzino Montinari, München: Deutscher Taschenbuchverlag, 1980, Bd. 12, S. 67-169, hier 125f. (2 [127]).

13 Über den Zusammenhang zwischen Kriminalität und Nihilismus, vgl. Maïa Stepenberg, *Against Nihilism. Nietzsche Meets Dostoevsky*, Montreal: Black Rose Books, 2019, Kap. 1.

14 Diese Verben stehen für die große Anzahl von möglichen Reaktionen auf den Nihilismus und sind nicht austauschbar. Seine Auswirkungen zu überwinden oder abzuwehren, ist etwas ganz Anderes als das, was Nietzsche als Durcharbeiten des Nihilismus bezeichnete. Ich werde im Nachwort darauf zurückkommen.

15 Alexander Nehamas, »Nietzsche, Modernity, Aestheticism«, in: B. Magnus und K. Higgins (Hg.), *The Cambridge Companion to Nietzsche*, Cambridge: Cambridge University Press, 1996, S. 223-251, hier 224f.

16 Friedrich Nietzsche, *Die fröhliche Wissenschaft* (1882), in: ders., *Sämtliche Werke*, Bd. 3, S. 343-652, hier 481 (Drittes Buch, Aph. 125). Vgl. auch Nehamas, »Nietzsche, Modernity, Aestheticism«, S. 226 und 230.

17 Max Weber, »Wissenschaft als Beruf« (1917 / 1919), in: *Studienausgabe der Max Weber-Gesamtausgabe*, Bd. I / 17, Tübingen: J.C.B. Mohr (Paul Siebeck), 1994, S. 1-23, hier 22.

18 Ob Hummer etwas »fühlen«, wann der Herzschlag eines Fötus einsetzt, ob sexuelle Vorlieben angeboren sind, sich sozial bilden oder gewählt werden, ob die Verteilung durch Märkte effektiv ist oder nicht – all solche Fragen sind für Werturteile nicht relevant.

19 Friedrich Nietzsche, *Zur Genealogie der Moral. Eine Streitschrift* (1887), in: ders., *Sämtliche Werke,* Bd. 5, S. 245-412, hier 402-404 (Dritte Abhandlung, 25).

20 Weber, »Wissenschaft als Beruf«, S. 13, und »Die ›Objektivität‹ sozialwissenschaftlicher und sozialpolitischer Erkenntnis«, S. 151.

21 Zwischen Webers und Nietzsches Darstellungen bestehen bedeutende Unterschiede: Haben wir Gott getötet, wie Nietzsche behauptet, oder löste Gott sich durch die Prozesse auf, die Weber nennt: Rationalisierung und Entzauberung? Und was den Nihilismus selbst anbelangt: Wollen wir das Nichts oder geraten wir in es hinein?

22 Zu Webers Zeiten waren bürokratische Staaten und Kapitalismus solche Apparate. Heute würden wir die digitalen Technologien und das Finanzwesen hinzufügen.

23 Man kann auch die gegenwärtige Mobilisierung von Religion für kulturelle und geopolitische Kämpfe auf diese Weise betrachten: Judentum, Christentum, Hinduismus und Islam sind jeweils auf eine Weise mobilisiert worden, die ihren Wert herabsetzt.

24 Wolfgang Schluchter schreibt: »In der entzauberten Welt wird die ›Erlösung‹ vom wissenschaftlichen Rationalismus zur ›Grundvoraussetzung des Lebens in der Gemeinschaft mit dem Göttlichen‹.« Wolfgang Schluchter, »The Paradox of Rationalization. On the Relation of Ethics and World, in: ders. und Guenther Roth, *Max Weber's Vision of History. Ethics and Methods*, Berkeley: University of California Press, 1996, S. 11-59, hier 48.

25 Dies legt außerdem nahe, dass die große Rolle von Religion in der heutigen euro-atlantischen Politik eine Folge des Nihilismus ist und kein Gegengift gegen ihn.

26 Sheldon S. Wolin, »Max Weber. Legitimation, Method and the Politics of Theory«, in: *Political Theory* 9, Nr. 3 (1981), S. 401-424, hier 408.

27 Ebd., S. 409.

28 Mark Warren, »Max Weber's Liberalism for a Nietzschean World«, in: *American Political Science Review* 82, Nr. 1 (1988), S. 31-50, hier 32.

29 Mit Weber zu denken, heißt nicht, dass die provokanten Stellen, die nützlich für uns sein könnten, sich leicht aus seinen konservativen, maskulinistischen, nationalistischen, antidemokratischen und methodologischen Setzungen heraussieben lassen. Diese Setzungen sind ein unverzichtbarer Teil von Webers Denkstruktur, und es ist dieser Teil, der das Denken mit ihm so lohnend und herausfordernd macht.

I Politik

1 »[I]n einer *ganz bestimmten Ausdeutung*, in der christlich-moral›ischen‹ steckt der Nihilismus.« Nietzsche, Nachgelassene Fragmente (Herbst 1885-Herbst 1886), in: *Sämtliche Werke*, Bd. 12, S. 125 (2 [127]).

2 Nietzsche, Nachgelassene Fragmente (Herbst 1887), in: *Sämtliche Werke*, Bd. 12, S. 351 (9 [35]).

3 Nietzsche, Nachgelassene Fragmente (Sommer 1886-Herbst 1887), in: *Sämtliche Werke*, Bd. 12, S. 212 (5 [71], Nr. 4).

4 Nietzsche, Nachgelassene Fragmente (Herbst 1887), in: *Sämtliche Werke*, Bd. 12, S. 355 f. (9 [43]).

5 Nietzsche, Nachgelassene Fragmente (November 1887-März 1888), in: *Sämtliche Werke*, Bd. 13, S. 48 (11 [99], Nr. 1).

6 Ebd., S. 48 f. (11 [99], Nr. 2).

7 Friedrich Nietzsche, *Zur Genealogie der Moral*, S. 249-253 (Vorrede, 3-6).

8 Nietzsche, Nachgelassene Fragmente (Herbst 1887), in: *Sämtliche Werke*, Bd. 12, S. 350 (9 [35]).

9 Friedrich Nietzsche, *Der Wille zur Macht. Versuch einer Umwertung aller Werte.* Ausgewählt u. geordnet von Peter Gast unter Mitwirkung von Elisabeth Förster-Nietzsche, Stuttgart: Kröner, 1996, S. 52-56 (Erstes Buch, Fragm. 62-68). Bis auf Fragm. 65 sind alle diese nachgelassenen Fragmente in den *Sämtlichen Werken* enthalten: Fragm. 62: Bd. 12, S. 411 f. (Herbst 1887, 9 [130 f.]); Fragm. 63: Bd. 13, S. 449 f. (Frühjahr 1888, 15 [63]); Fragm. 64: Bd. 12, S. 377 (Herbst 1887, 9 [82]); Fragm. 66: Bd. 12, S. 574 (Herbst

1887, 10 [197]); Fragm. 67: Bd. 11, S. 68 f. (Frühjahr 1884, 25 [210]); Fragm. 68: Bd. 13, S. 388 und 398 (Frühjahr 1888, 14 [208] und [226]).

10 Thomas Hobbes, *Leviathan*. Übersetzt von Walter Euchner, Frankfurt / M.: Suhrkamp, 1984, Kap. 10, S. 67.

11 Nietzsche, Nachgelassene Fragmente (Herbst 1887), in: *Sämtliche Werke*, Bd. 12, S. 352 f. (9 [38]).

12 Ron Suskinds Beschreibung von George W. Bushs Präsidentschaft geht in diese Richtung, wozu auch das berühmt-berüchtigte, Karl Rove zugeschriebene Zitat von der Schaffung einer eigenen Realität gehört. Ron Suskind, »Faith, Certainty and the Presidency of George W. Bush«, in: *New York Times Magazine*, 17. Oktober 2004.

13 Und wiederum hat George W. Bushs Außenpolitik, insofern sie dem Kern der Entscheidungsfindung Glauben und Ideologie beimischte, das vorweggenommen, was zu einer noch unverhohleneren Geringschätzung von Faktizität und Wahrheit in der heutigen Politik insbesondere, aber nicht nur in der Republikanischen Partei werden sollte.

14 Robert Pippin, *Nietzsche, Psychology and First Philosophy*, Chicago: University of Chicago Press, 2010, S. 51.

15 Ebd., S. 19.

16 Ebd., S. 29. Man bedenke, in welchem Maße diese in jeder Hinsicht antiinstrumentelle Energie gegen die Rationalisierung und Entzauberung der Welt spricht, die Weber als weltgeschichtliche Kraft schildert.

17 Nietzsche, *Zur Genealogie der Moral*, S. 279 f. (Erste Abhandlung, 13).

18 Zusätzlich dazu, dass sie mit dem Individualismus eine der Auswirkungen des Nihilismus zu seiner Überwindung auserkoren haben, laufen die verschiedenen Wege, die Nietzsche zur Durcharbeitung des Nihilismus einschlägt, alle auf eine Bejahung dieses Lebens und dieser Welt und eine Aufgabe der lebensverneinenden Suche nach Werten außerhalb oder jenseits dieser Welt hinaus. Die Begriffe der Ewigen Wiederkehr und der Amor fati betrachten beide einen gesunden und starken menschlichen Willen als das einzige Mittel, das uns

vom lebensverneinenden, im Nihilismus kulminierenden Pfad von der Religion zur Wissenschaft abzubringen vermag. Auch die Bühne, auf der eine solche Überwindung stattfinden kann, ist bei Nietzsche individueller, allerhöchstens kultureller Natur. Sie baut nicht auf Politik; Demokratie, Egalitarismus und soziale oder politische Verantwortung sind ihr zuwider. In all dem liegen die Grenzen von Nietzsches »Durcharbeitungs«weisen des Nihilismus für Zwecke einer demokratischen Erneuerung oder Instandsetzung der Welt.

19 Warren, »Max Weber's Liberalism«, S. 32.

20 Weber, »Wissenschaft als Beruf«, S. 17.

21 Eden, *Political Leadership*, S. 137 f.

22 Siehe zum Beispiel Brian Judge, »The Birth of Identity Politics. How Social Media Serves Antiliberal Populism«, in: *New Media & Society* (2022), (https://doi.org/10.1177/14614448221099587).

23 Weber, »Wissenschaft als Beruf«, S. 17.

24 Es ist wichtig, diese Art der Politisierung – von Frisuren oder Biermarken – von Politisierung im Zusammenhang mit einer Bewusstseinsbildung in Bezug auf Klasse, Rasse, Geschlecht oder nicht nachhaltige Produktionsverfahren und Konsumgewohnheiten zu unterscheiden. Die Erstgenannte betrifft belanglose Geschmacksfragen, die als Platzhalter für Politik fungieren. Die Letztgenannte betrifft Machtbeziehungen, die das Zusammenleben organisieren, also das Grundthema der Politik.

25 Warren, »Max Weber's Liberalism«, S. 34.

26 Ebd., S. 35.

27 Weber, »Politik als Beruf«, S. 66-72. Webers Rationalisierungsthese soll zwar überall gelten, er räumt aber ein, dass sie in den verschiedenen Sphären auf unterschiedliche Weise und in anderen Zeiträumen greift. Die Grundmerkmale von Politik bleiben allerdings von Rationalisierung verschont: Aufgrund von Elementen wie Macht, Handeln, Gewalt und damit einer für das politische Leben konstitutiven Kontingenz kann es nicht vollständig in Verwaltung aufgehen, ohne sich selbst auszulöschen. Diese Elemente machen die bedingte »Autonomie« des Politischen aus, auch wenn der Verwaltungs- und Partei-

apparat die Akteure lähmt und eine Sinnentleerung und Unerfülltheit die Politik heimsucht, die auf die für die Moderne charakteristische bürokratische Mentalität zurückgeht.

28 Ebd., S. 65.

29 Ebd., S. 74f.

30 Ebd., S. 74.

31 Ebd., S. 75f.

32 Ebd., S. 78f.

33 Ebd., S. 87f.

34 David Owen und Tracy Strong, »Introduction«, in: dies. (Hg.), *The Vocation Lectures*. Übers. v. R. Livingston, Indianapolis: Hackett, 2004, S. ix-lxii, hier xlii-xlv.

35 Für Weber ist die menschliche Welt auf allen Stufen – von den Institutionen und Werten bis zur Berufung zum Politiker – eine gemachte Welt. Ein Teil dieser »Gemachtheit« entspringt der Logik historischer Kräfte wie etwa der Rationalisierung oder ihrer kapitalistischen Verkörperung. Ein Teil von ihr nimmt ihren Ausgang aber auch im Handeln, weshalb Weber darauf beharrt, dass »man das Mögliche nicht erreichte, wenn nicht immer wieder in der Welt nach dem Unmöglichen gegriffen worden wäre.« Weber, »Politik als Beruf«, S. 88.

36 Max Weber, *Wirtschaft und Gesellschaft. Die Wirtschaft und die gesellschaftlichen Ordnungen und Mächte.* Nachlaß. Tb. 4: Herrschaft, Max Weber-Gesamtausgabe, Bd. 22 / 4, Tübingen: J.C.B. Mohr (Paul Siebeck), 2005, S. 462.

37 In *Wirtschaft und Gesellschaft* schreibt Weber: »Der Träger des Charisma ergreift die ihm angemessene Aufgabe und verlangt Gehorsam und Gefolgschaft kraft seiner Sendung. [...] Erkennen diejenigen, an die er sich gesandt fühlt, seine Sendung nicht an, so bricht sein Anspruch zusammen. Erkennen sie ihn an, so ist er ihr Herr, solange er sich durch ›Bewährung‹ die Anerkennung zu erhalten weiß.« Ebd., S. 462f.

38 Weber, »Politik als Beruf«, S. 74 und 86. Was eine Auseinandersetzung mit dem politischen Kantianismus anbelangt, siehe Owens und Strongs »Introduction« in der englischen Übersetzung von »Politik als Beruf«.

39 Solch ein Spiel gibt in den Schilderungen von Politik in zeit-

genössischen Fernsehserien wie *West Wing*, *Scandal* und *House of Cards* den Ton an.

40 Weber, »Politik als Beruf«, S. 86.

41 Ebd., S. 74.

42 Ebd., S. 74f.

43 Ebd., S. 75.

44 Ebd.

45 Über Webers Verantwortungsethik ist viel geschrieben worden. Siehe zum Beispiel die einführenden Texte in den beiden neueren Übersetzungen von »Wissenschaft als Beruf« und »Politik als Beruf« ins Englische von David Owen und Tracy Strong in *The Vocations Lectures* sowie von Paul Reitter und Chad Wellmon in *Charisma and Disenchantment. The Vocation Lectures*. Übers. v. Damion Searls, New York: New York Review of Books Press, 2020, und Shalini Satkunanandan, »Max Weber and the Ethos of Politics beyond Calculation«, in: *American Political Science Review* 108, Nr. 1 (2014), S. 169-181; Corey Robin, »The Professor and the Politician«, in: *The New Yorker*, 12. November 2020; Antonio Vazquez-Arroyo, *Political Responsibility. Responding to Predicaments of Power*, New York: Columbia University Press, 2016. Ich werde hier ausschließlich auf die Bedeutung dieser Ethik, insofern sie in einem nihilistischen Zeitalter aufkommt und auf es reagiert, eingehen.

46 Weber, »Politik als Beruf«, S. 35f.

47 Ebd., S. 85.

48 Shalini Satkunanandan erinnert sinnvollerweise daran, dass Verantwortungsethik keine Kosten-Nutzen- oder Rentabilitätsrechnung ist. Die politischen Grundbausteine von Handeln und Macht bis zum Rang der Politik als Kampfplatz um »letzte Werte« sind nicht mit solchen Berechnungen vereinbar, die eine rationale und von daher vorhersehbare Ordnung der Dinge voraussetzen (Satkunanandan, »Max Weber and the Ethos of Politics«, S. 170-173). Corey Robin versteht Webers Ausführungen als Reaktion nicht nur darauf, dass das Handeln potenziell das Gegenteil seiner beabsichtigten Auswirkungen hervorbringt, sondern durch die Last von Bürokratie und Institutionen gelähmt wird. »Wo Machiavelli [die] Kluft [zwischen

Intention und Ergebnis] als Gelegenheit zur Verfeinerung von Handlungsmacht ansah, bei der der Fürst die beabsichtigte Wirkung durch ein gezieltes Tun des Gegenteils hervorbringt, war Weber nicht besonders zuversichtlich im Hinblick auf die Fähigkeit des Politikers, die Folgen zu manipulieren. Das Medium politischen Handelns – die Bürokratien der modernen Staaten; die gewaltsamen Beziehungen und imperialen Rivalitäten zwischen den Staaten – ließ dafür einfach keinen Raum.« Robin, »The Professor and the Politician«.

49 Weber, »Politik als Beruf«, S. 75 f. Nietzsches Einfluss ist spürbar, der in der *Genealogie der Moral* schreibt: »die Ursache der Entstehung eines Dings und [...] dessen thatsächliche Verwendung und Einordnung in ein System von Zwecken [liegen] toto coelo auseinander [...]; [...] etwas Vorhandenes [...] wird immer wieder von einer ihm überlegenen Macht auf neue Ansichten ausgelegt, neu in Beschlag genommen, zu einem neuen Nutzen umgebildet und umgerichtet« (Nietzsche, *Zur Genealogie der Moral,* S. 313 [Zweite Abhandlung, 12]). Machiavellis Rechnen mit der Verwandlung von politischen Akten in eine Verkettung unbeabsichtigter Folgen, ja sogar eine Verkehrung der Absichten des Akteurs kann man als Strukturierungsprinzip des gesamten *Fürsten* betrachten.

50 Weber, »Politik als Beruf«, S. 87.

51 Ebd., S. 86.

52 Im Anschluss an seine Brandmarkung der »sterile[n] Aufgeregtheit« und »eine[r] ins Leere verlaufende[n] ›Romantik des intellektuell Interessanten‹« auf Seiten der Revolutionäre schreibt Weber: »Denn mit der bloßen [...] Leidenschaft ist es [...] nicht getan. Sie macht nicht zum Politiker, wenn sie nicht, als Dienst an der ›Sache‹, auch die *Verantwortlichkeit* gegenüber ebendieser Sache zum entscheidenden Leitstern des Handelns macht. Und dazu bedarf es – und das ist die entscheidende psychologische Qualität des Politikers – des *Augenmaßes,* der Fähigkeit, die Realitäten mit innerer Sammlung und Ruhe auf sich wirken zu lassen, also: der *Distanz* zu den Dingen und Menschen. ›Distanzlosigkeit‹ [...] ist eine der Todsünden jedes Politikers [...]. Denn das Problem ist eben: wie heiße Leiden-

schaft und kühles Augenmaß miteinander in derselben Seele zusammengezwungen werden können? [...] [Dies] ist nur durch die Gewöhnung an Distanz – in jedem Sinn des Wortes – möglich.« Ebd., S. 74.

53 Ebd., S. 88.

54 Ebd., S. 74.

55 Ebd., S. 86.

56 Ebd.

57 Nietzsche, *Zur Genealogie der Moral*, S. 365 (Dritte Abhandlung, 12).

58 Siehe Satkunanandan, »Max Weber and the Ethos of Politics«, S. 174.

59 »Eine leblose Maschine ist *geronnener Geist. Nur* daß sie dies ist, gibt ihr die Macht, die Menschen in ihren Dienst zu zwingen und den Alltag ihres Arbeitslebens so beherrschend zu bestimmen, wie es tatsächlich in der Fabrik der Fall ist. Geronnener Geist ist auch jene lebende Maschine, welche die bürokratische Organisation mit ihrer Spezialisierung der geschulten Facharbeit, ihrer Abgrenzung der Kompetenzen, ihren Reglements und hierarchisch abgestuften Gehorsamsverhältnissen darstellt. Im Verein mit der toten Maschine ist sie an der Arbeit, das Gehäuse jener Hörigkeit der Zukunft herzustellen, in welche vielleicht dereinst die Menschen sich, wie die Fellachen im altägyptischen Staat, ohnmächtig zu fügen gezwungen sein werden.« Max Weber, »Parlament und Regierung im neugeordneten Deutschland (1918), in: ders., *Zur Politik im Weltkrieg. Schriften und Reden 1914-1918.* Max Weber-Gesamtausgabe, Abt. I, Bd. 15, Tübingen: J.C.B. Mohr (Paul Siebeck), 1984, S. 421-596, hier 464.

60 Eden, *Political Leadership,* S. 186.

61 Weber, »Politik als Beruf«, S. 41 und 88.

62 Manche, die charismatische Führung mit Autoritarismus gleichsetzen, würden freilich Technokratie anstelle von Demokratie akzeptieren, was heute heißen würde, dass man nicht bloß von Ökonom:innen, Verhaltensforscher:innen und Bürokrat:innen regiert wird, sondern von Algorithmen.

63 Ein solches Entfachen des Begehrens kann in alltäglichen

Situationen und Institutionen erfolgen, und es ist signifikant, dass die Rechte seit Jahrzehnten Schulen, Kirchen, Bürgerverbände, Freizeiteinrichtungen und natürlich Medien betreibt. Ungeachtet Gramsci, Stuart Hall und des Programms der frühen Frankfurter Schule hat die Linke eine solche kulturelle Hervorbringung und Verbreitung ihrer Werte weitgehend vernachlässigt.

64 Darin bestand die »Polarnacht von eisiger Finsternis und Härte«, die Weber für die nahe Zukunft vorhersagte und die bald als Faschismus, Nationalsozialismus und Krieg materielle Gestalt annehmen sollte. Weber, »Politik als Beruf«, S. 87.

65 Dass es sich bei der universitären Tradition in Deutschland nicht um eine demokratische, sondern um eine »geistesaristokratische Angelegenheit« handelte, hat Weber ausdrücklich bestätigt. Siehe Weber, »Wissenschaft als Beruf«, S. 5.

II Wissenschaft

1 Weber, »Wissenschaft als Beruf«, S. 15.

2 Aus diesem Grund gibt Damion Searls in einer neueren englischen Übersetzung »Wissenschaft als Beruf« auch mit »The Scholar's Work«, also mit »Die Arbeit des Gelehrten« wieder. Siehe Reitter und Wellmon (Hg.), *Charisma and Disenchantment*.

3 Reitter und Wellmon, »Editor's Introduction«, in: ebd., S. x f.

4 Weber, »Wissenschaft als Beruf«, S. 21 und 22.

5 Max Weber, »Der Sinn der ›Wertfreiheit‹ der soziologischen und ökonomischen Wissenschaften«, in: ders., *Gesammelte Aufsätze zur Wissenschaftslehre*, Tübingen: J.C.B. Mohr (Paul Siebeck), [3]1968, S. 489-540, hier 496. Vgl. auch Weber, »Wissenschaft als Beruf«, S. 14f. An dieser Stelle scheinen Webers durchaus vorhandene demokratische Prinzipien durch: Man sollte nur über Politik sprechen, lässt er durchblicken, wenn andere ebenfalls dazu berechtigt sind und widersprechen können.

6 In dem Aufsatz, in dem er die Perspektive und die Absichten

der sozialwissenschaftlichen Zeitschrift, die er mitbegründete, erklärt, schreibt Weber unter anderem: »Das Archiv wird die schwere Selbsttäuschung, man könne durch Synthese von mehreren oder auf der Diagonale zwischen mehreren Parteiansichten praktische Normen von *wissenschaftlicher Gültigkeit* gewinnen, unbedingt bekämpfen, denn sie ist, weil sie ihre eigenen Wertmaßstäbe relativistisch zu verhüllen liebt, weit gefährlicher für die Unbefangenheit der Forschung als der alte naive Glaube der Parteien an die wissenschaftliche ›Beweisbarkeit‹ ihrer Dogmen. Die Fähigkeit der *Unterscheidung* zwischen Erkennen und Beurteilen und die Erfüllung sowohl der wissenschaftlichen Pflicht, die Wahrheit der Tatsachen zu sehen, als der praktischen, für die eigenen Ideale einzutreten, ist das, woran wir uns wieder stärker gewöhnen wollen.« Weber, »Die ›Objektivität‹ sozialwissenschaftlicher und sozialpolitischer Erkenntnis«, S. 155.

7 Weber, »Wissenschaft als Beruf«, S. 7 und 9.

8 Ebd., S. 15 und 16.

9 Ebd., S. 18-23.

10 Weber, »Der Sinn der ›Wertfreiheit‹ der soziologischen und ökonomischen Wissenschaften«, S. 529. Es könne, donnert Weber, »niemals Aufgabe einer Erfahrungswissenschaft sein [...], bindende Normen und Ideale zu ermitteln, um daraus für die Praxis Rezepte ableiten zu können.« Weber, »Die ›Objektivität‹ sozialwissenschaftlicher und sozialpolitischer Erkenntnis«, S. 149.

11 Max Weber, *Die Protestantische Ethik und der Geist des Kapitalismus* (1920). Studienausgabe der Max Weber-Gesamtausgabe, Bd. I / 18, Tübingen: J.C.B. Mohr (Paul Siebeck), 2021, S. 11-155.

12 Weber, »Wissenschaft als Beruf«, S. 8, 9, 14 und 15.

13 Weber, »Die ›Objektivität‹ sozialwissenschaftlicher und sozialpolitischer Erkenntnis«, S. 197. Selbst verschiedene Wertsysteme können sich nicht gegenseitig befruchten bzw. dürfen sich nicht miteinander vermischen, sondern müssen als in einen »unüberbrückbar tödlichen Kampf, so wie zwischen ›Gott‹ und ›Teufel‹« verstrickt gewürdigt werden. Weber, »Der Sinn der ›Wertfreiheit‹ der soziologischen und ökonomischen Wis-

senschaften«, S. 50. Werte können keinen Kompromissen unterworfen, nicht miteinander verschnitten oder abgewandelt werden, gibt Weber zu verstehen, ohne verfälscht oder zerstört zu werden.

14 Max Weber, »Zwischenbetrachtung: Theorie der Stufen und Richtungen religiöser Weltablehnung«, in: ders., *Die Wirtschaftsethik der Weltreligionen. Konfuzianismus und Taoismus*, Schriften 1915-1920, Studienausgabe der Max Weber-Gesamtausgabe, Bd. I / 19, Tübingen: J.C.B. Mohr (Paul Siebeck), 1991, S. 209-233, hier 228. Weber schreibt: »[Religion biete] eine letzte Stellungnahme zur Welt kraft unmittelbaren Erfassens ihres ›Sinnes‹ […]. Und sie erschließe ihn nicht mit den Mitteln des Verstandes, sondern kraft des Charisma einer Erleuchtung […].«

15 Dessen ungeachtet macht die Beibehaltung von Webers trennenden Korridoren nach dem Linguistic turn und dem Siegeszug des Behaviorismus ein Verwerfen der von Weber selbst freimütig eingestandenen unauslöschbaren hermeneutischen Dimensionen der Faktizität, der grenzenlosen Komplexität aller menschlichen Belange und sogar der Werte erforderlich, die alle sozialwissenschaftlichen Untersuchungen zwangsläufig antreiben. Die ironischerweise in seinem Namen errichtete positivistische Sozialwissenschaft verzichtet darauf, wie Weber auf einer großen Kluft zwischen Natur- und Sozialwissenschaften und insbesondere auf der Unangemessenheit zu beharren, Letzteren »Gesetzmäßigkeiten« in Bezug auf ihr Verhalten zuzuschreiben, und sie versucht, diese Kluft mit Hilfe einer mörderischen Mathematisierung und positivistischen Methoden zu schließen, die so entschieden unhistorisch sind und der Komplexität menschlicher Sprache, Kultur, Psyche und Macht so gleichgültig gegenüberstehen, dass dies die Wissenschaft, die dafür vorgesehen ist, die menschlichen Belange zu ergründen, noch weiter von der Aussicht abbringen wird, die Gattung zu retten, weil sie den Nihilismus, gegen den Weber kämpfte, mit den von ihr erzeugten Bergen bedeutungsloser Daten und Analysen noch verschlimmert. Dies ist der heute vollends wahrgewordene Albtraum, den Weber mit seinen bereinigten

Kategorien und Grenzbarrieren, damit, dass jedes Ding einen Platz hat und an seinem Platz sein sollte und mit seinen unüberwindbaren Gegensätzen zwischen Auffassungsweisen verhindern wollte, die sich, wie er selbst zuweilen einräumte, nur »um Haaresbreite« voneinander unterschieden.

16 Weber, »Der Sinn der ›Wertfreiheit‹ der soziologischen und ökonomischen Wissenschaften«, S. 492.

17 Ebd.

18 Unter anderem dies liegt Webers eigenem Bemühen zugrunde, charismatische politische Führung als »den Beherrschten verantwortlich« aufzufassen, was wir in Kapitel 1 erörtert haben.

19 Weber, »Der Sinn der ›Wertfreiheit‹ der soziologischen und ökonomischen Wissenschaften«, S. 497f.

20 Ebd., S. 491.

21 Ebd., S. 493.

22 Auch hier versetzt uns Weber in eine krisenhafte, auf historisch unabwendbaren Bedingungen beruhende Lage, welche er mit Bestimmungen und Gegensatzpaaren zu beheben vorschlägt, die in seinen Augen auf Tatsachen beruhen (also wahr sind) und keine moralischen oder politischen (also anfechtbare) Setzungen sind, auch wenn er ihren historisch spezifischen Stellenwert einräumt und Ausdrücke wie »Objektivität«, »Wertfreiheit« und ein »illusionsloses« Leben häufig in Anführungszeichen setzt, um zu unterstreichen, dass sie immer nur angestrebt werden.

23 Er bestimmt Kultur als »ein[en] vom Standpunkt des *Menschen* aus mit Sinn und Bedeutung bedachte[n] endliche[n] Ausschnitt aus der sinnlosen Unendlichkeit des Weltgeschehens.« Weber, »Die ›Objektivität‹ sozialwissenschaftlicher und sozialpolitischer Erkenntnis«, S. 180.

24 Ebd.

25 Ebd., S. 175.

26 Aus diesem Grund spricht Weber in Bezug auf das 20. Jahrhundert von einer (sanften) Rückkehr zum antiken Polytheismus. Als er erörtert, warum es nicht möglich ist, objektiv darüber zu entscheiden, was man wertschätzen soll, warum nicht zu erwarten ist, dass Werte sich in eine Reihe mit dem Guten

oder mit dem Schönen stellen lassen oder warum die Werte unterschiedlicher Kulturen in keine Rangordnung gebracht werden können, schreibt Weber: »Hier streiten eben auch verschiedene Götter miteinander, und zwar für *alle* Zeit. Es ist wie in der alten, noch nicht von ihren Göttern und Dämonen entzauberten Welt, nur in anderem Sinne: wie der Hellene einmal der Aphrodite opferte, und dann dem Apollon und *vor allem jeder den Göttern seiner Stadt*, so ist es, entzaubert und entkleidet der mystischen, aber innerlich wahren Plastik jenes Verhaltens, noch heute« (Weber, Wissenschaft als Beruf«, S. 17, Herv. W.B.). Dass ihnen innere Wahrheit fehlt, zeigt an, dass politisiert worden ist, was einst kulturell war.

27 Weber, »Wissenschaft als Beruf«, S. 14f.

28 Ebd., S. 15, Herv. W.B.

29 Eher als bloß um den verantwortungslosen Umgang mit oder die Ausnutzung von Machtunterschieden (die auch ein Anliegen von Webers »Wissenschaft als Beruf« sind) geht es hier ums Erkennen selbst.

30 Weber, »Wissenschaft als Beruf«, S. 20.

31 Einem Studierenden dabei zu helfen, »sich selbst *Rechenschaft zu geben über den letzten Sinn seines eigenen Tuns*«, nennt Weber einen Dienst an den Studierenden und einen Dienst an der Ethik, insofern so »Klarheit und Verantwortungsgefühl« geschaffen werden. Ebd.

32 Nietzsche, *Zur Genealogie der Moral*, S. 365 (Dritte Abhandlung, 12).

33 Wolin, »Max Weber. Legitimation, Method and the Politics of Theory«, S. 413.

34 Nietzsche, *Zur Genealogie der Moral*, S. 365-367 und 379 (Dritte Abhandlung, 12, 13 und 17).

35 Ebd., S. 363 (Dritte Abhandlung, 11).

36 Ebd., S. 368 (Dritte Abhandlung, 14).

37 Es würde Nietzsche nicht überraschen, dass Historizismus, formale Analyse, ja sogar Dekonstruktion in den Geisteswissenschaften zur Neutralisierung dieser Größe geführt haben, auch wenn dies nicht die erklärte Absicht dieser Herangehensweisen an humanistische Erkenntnis gewesen ist.

38 Wolin, »Max Weber. Legitimation, Method and the Politics of Theory«, S. 413.
39 Man trägt es noch nicht einmal im platonischen Sinne in sich, weil es zu keiner Kommunion mit den Formen, zu keiner sinnlichen Verbindung mit den letzten Wahrheiten kommt.
40 Weber, »Politik als Beruf«, S. 23, 42 und 73.
41 Weber, »Wissenschaft als Beruf«, S. 17 und 23.
42 Sheldon S. Wolin, *Politics and Vision. Continuity and Innovation in Western Political Thought*, Princeton: Princeton University Press, 2016, S. 19.
43 Ebd.
44 Weber, »Wissenschaft als Beruf«, S. 17.
45 John Locke, *Brief über die Toleranz* (1689). Hrsg. u. übers. v. Gernot Krapinger, Ditzingen: Reclam, 2021.
46 Weber, »Wissenschaft als Beruf«, S. 17.
47 Ebd., S. 20, Herv. W.B.
48 Ebd., S. 18.
49 Ebd., S. 21.
50 Ebd., S. 20.
51 Ebd.

Nachwort: Weber und wir

1 Die schonungslos abschätzige Charakterisierung des Populismus durch Mainstreampolitiker:innen, Expert:innen und Wissenschaftler:innen ist ein Anzeichen für eine diesbezügliche Hegemonie der Neoweberianer.
2 Herbert Marcuse, *Der eindimensionale Mensch. Studien zur Ideologie der fortgeschrittenen Gesellschaft* (1964). Aus dem Englischen von Alfred Schmidt, Neuwied und Berlin: Luchterhand, 1977.
3 Libby Nelson, »The Strangest Line from Donald Trump's Victory Speech: ›I Love the Poorly Educated‹«, *Vox*, 24. Februar 2016, (https://www.vox.com/2016/2/24/11107788/donald-trump-poorly-educated).
4 Auf jeden Fall zu vermeiden ist das, was Weber als den Fehler

einer Verwechslung geistiger Begriffe mit dem bestimmte, was er als dichte und chaotische Wirklichkeit ansah.

5 In Kombination mit der wachsenden Abhängigkeit von Google bei jeder Art von »Forschung« und der Schmähung von geistigem zugunsten von technischem Wissen überrascht es nicht, dass die Lernerwartungen der Studierenden im Hörsaal auf einem historischen Tiefststand sind und dass auf die Frage, ob »das College sich lohnt«, gewöhnlich ausschließlich mit Daten über den »College-Bonus«, das heißt einer zu erwartenden Erhöhung des Lebenseinkommens geantwortet wird.

6 Sarah Kaplan, Emily Guskin, »Most American Teens Are Frightened by Climate Change, Poll Finds, and About 1 in 4 Are Taking Action«, in: *Washington Post*, 16. September 2019.

7 In den heutigen Sozialwissenschaften bedeutet verantwortungsvolle Forschung mit Sicherheit, dass der Frage nachgegangen wird, wie es zu unserem derzeitigen Ausnahmezustand kam, und dass man in der Lage ist, intelligente, praktikable und realisierbare Alternativen ins Auge zu fassen. Anderenfalls würden wir insbesondere die Studierenden enttäuschen, welche die begründete Erwartung in die Sozialwissenschaften setzen, dass ihre Fächer ihnen helfen werden, die entsetzlichen Probleme der Gegenwart zu verstehen. Die ernsthaftesten und leidenschaftlichsten dieser Studierenden zieht es häufig in die Geisteswissenschaften, wo ihre Anliegen und Fragen zwar Bestätigung finden mögen, aber nicht länger mit empirischen Untersuchungen und Analysen der Geschichte, sozialen Systeme und Macht verbunden sind.

Namenregister